그래도 애널 리포트가
저평가 종목 선택의 지름길이다

그래도 애널 리포트가 저평가 종목 선택의 지름길이다

송경헌 지음

한국경제신문i

머리말

주식 투자로 돈을 벌려면 대세 예측보다는 종목에 승부를 걸어야 한다. 왜냐하면 대세 하락기에도 오르는 종목이 있는가 하면, 대세 상승기에도 하락하는 종목이 있기 때문이다. 이는 필자만의 생각이 아니라 워런 버핏 등 투자 전문가들이 이구동성으로 하는 말이다.

그런데 종목에 승부를 걸려면 대상인 종목을 알아야 한다. 일부 차트 맹신자들은 기업의 내용에 관심을 두지 말고 오로지 차트에 매달리라고 한다. 그러나 필자는 그렇게 해서 깡통을 차는 투자자를 수없이 보았다. 차트는 종목을 알고 투자하는 데 보완하는 수단이라는 것이 정설이다.

그러면 종목을 안다는 말은 무엇인가? 현대차(005380)의 글로벌 판매 대수가 500만 대에 육박하고 전기차와 자율주행차의 기술면에서도 글로벌 상위 업체에 크게 뒤지지 않는다고 하면, 현대차를 안다고 할수 있을까? 그렇지 않다.

투자자가 종목을 알고자 하는 이유는 투자해서 돈을 벌려고 하기 때문이다. 잘못 판단하면 힘들게 번 돈이 날아간다. 이는 진검승부다. 따라서 현대차 기업의 개요만 알고 투자한다면 백전백패할 가능성이 크다.

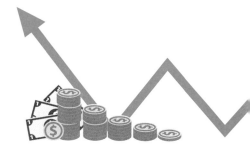

　종목을 알려면 그 종목(기업)의 사업 전망을 알아야 한다. 즉, 향후 이익 규모가 얼마나 늘어날지 또는 줄어들지를 예상할 수 있어야 한다. 주가는 기업의 이익을 반영하기 때문이다. 현대차가 이번 사업기에 영업이익 또는 당기순이익이 어느 정도 될지를 알고 투자한다면, 투자 수익을 낼 가능성이 높아진다.

　그러면 향후 이익이 많이 난다는 전제로 매수하면 되는가? 만일 주가가 이를 이미 반영했으면 투자 수익을 내기가 어려워진다. 현대차의 이번 사업기 이익이 전년 대비 30% 늘어난다면 매수하기에 적합한 종목이 된다. 그런데 현대차 주가가 이 호재를 충분히 반영해 주가가 이미 크게 올랐다면, 매수해서 투자 수익을 기대할 수 없다.

　결론적으로 매수 대상 종목, 즉 저평가 종목은 2가지 요건을 갖추어야 하는데 우선 사업 전망이 밝아야 한다. 다시 말하면, 이익이 크게 늘어나리라 예상되어야 한다. 두 번째는 이익이 늘어나는데 주가는 이를 충분히 반영하고 있지 않아야 한다.

　그러면 현대차가 이익을 많이 낼지 그리고 그것을 주가가 반영하고 있는지를 어떻게 알 수 있을까? 애널리스트의 종목 리포트에 그러한 내용이 있다. 미국 등 선진국과는 달리 우리나라의 경우 주요 사이트에서 애널 리포트를 무료로 볼 수 있다. 엄청난 혜택이다.

그런데 상당수 투자자가 애널 리포트를 신뢰하지 않는다. 왜냐하면 애널의 판단이 틀린 경우가 흔하기 때문이다. 그러면 애널 리포트를 외면해야 하는가? 아니다. 애널이 판단을 잘못하는 경우가 자주 있다고 해서 리포트를 멀리한다면 종목을 알 기회가 없어진다. 따라서 애널 리포트 중에서 옥석을 가릴 수 있어야 한다. 필자는 펀드를 운용하면서 애널 리포트를 보는 데 하루의 상당 시간을 투자했다. 이는 필자뿐 아니라 다른 펀드매니저도 마찬가지다.

그러면 이런 질문을 할 것이다. 펀드매니저는 전문가여서 애널 리포트를 쉽게 소화하지만, 전문 지식이 없는 개인 투자자의 경우 거의 불가능한 일이 아니겠는가? 그렇지 않다. 수익추정, 즉 현대차의 금년도 그리고 내년도 이익 예상치를 애널이 추정한다. 이를 위해서는 전문적인 회계 지식이 있어야 하는데, 애널은 자격을 갖추고 있다. 투자자는 그 추정치가 합당한지 여부만 판단할 수 있는 능력을 갖추면 된다. 그렇게 어려운 일이 아니다.

필자는 영국계 자산운용사인 아틀란티스 자산운용(Atlantis Investment Management Limited)에서 오랜 기간 애널리스트로서 코스피와 코스닥 종목을 분석했다. 그리고 한국 주식 시장에 투자하는 역외펀드인 아틀란티스 코리안 스몰러 컴퍼니스 펀드(Atlantis Korean Smaller

Companies Fund)를 운용했다.

필자는 애널리스트와 펀드매니저로서의 경험을 바탕으로 개인 투자자에게 기본에 충실한 주식 투자를 소개하려 한다. 기본에 충실해야 하는 것은 세상의 근본 이치며, 주식 투자에도 그대로 적용된다.

이 책은 독자가 애널의 종목 리포트를 읽고 애널의 매수-매도 의견을 평가할 수 있는 능력을 갖게 하는 데 초점을 맞추고 있다. 우리가 수학 공부를 할 때 공식을 배운 후 연습문제를 풀어보면서 그 공식을 확실하게 소화하는 것처럼 이 책은 애널 리포트를 샘플로 실전 연습한다. 즉, 현대차 리포트에서 애널은 매수 의견을 내고 있지만 애널의 의견대로 매수할지, 아니면 매수를 포기해야 하는지의 판단 지표인 투자 포인트를 도출한다. 실전 연습을 하다 보면 투자자 자신도 모르는 사이에 종목을 보는 안목이 달라진다.

필자는 이 글을 쓰면서 초보 투자자의 눈높이에 맞추려고 노력했다. 아무쪼록 이 책 한 권으로 성공 투자자가 되기를 기대해본다.

송경헌

이 책은 어떻게 구성되어 있나?

이 책에서는 저평가 종목을 다음과 같은 순서로 선택한다.

첫 번째, 투자 대상 종목을 고른다.

증권회사의 HTS나 한경컨센서스 등 증권 사이트에 있는 수많은 애널의 종목 리포트 중에서 일정한 기준에 의해 투자 대상 종목을 선정한다. 예를 들어 POSCO(005490)가 영업이익 증가율, 주가 수준 등 몇 가지 기준을 충족하면 그 리포트를 선정한다.

두 번째, 투자 대상 종목의 사업보고서를 보고 사업의 내용을 알아 본다.

POSCO의 사업보고서를 보고 사업의 내용을 투자자 스스로 요약해 본다. 애널의 POSCO 리포트에는 사업의 세부 내용이 없는 경우가 대부분이다. 종목(기업)의 사업 내용을 구체적으로 알아야 합리적인 투자 판단을 할 수 있다.

세 번째, 투자 대상 종목의 투자 포인트를 스스로 찾는다.

애널 리포트에서 왜 매수해야 하는지 근거를 제시한다. 이를 참고해 투자자 스스로가 투자 포인트를 도출하고 매수할 것인지 의사 결정을 한다.

Chapter 2의 실전 연습에서 1~3단계를 통해 애널 리포트의 옥석을 가린다.

　Chapter 1은 실전 연습을 위한 준비 과정으로 사업보고서부터 시작한다. 사업보고서는 종목선택을 하는 데 반드시 알아야 하는 종목(기업)의 사업구조를 설명하고 있다. 야구에서 장타자가 되려면 기초체력을 단단하게 해야 하는데 이는 운동선수에게만 적용되는 것이 아니다. 종목을 잘 선택하려면 기업의 사업구조를 알아야 한다. 이어서 재무제표의 기본 개념과 주가 평가 지표를 서술하고, 저평가 종목을 선택하는 4가지 기준을 제시한다.

　Chapter 3는 매도 원칙에 관한 설명이다. 매수의 경우는 일정한 기준에 따라 종목을 선택하고 실전 연습을 할 수 있다. 그러나 매도는 케이스 바이 케이스 경향이 짙어 기본원칙만 설명한다.

　필자는 이 책을 읽는 독자층을 초보 투자자로 상정했다. 그러나 회계 지식이 어느 정도 있는 독자라면 회계에 관한 설명 부분을 건너뛰어도 된다. 말 그대로 회계의 기본 개념에 국한해 설명하고 있기 때문이다. 또한, 종목을 접할 기회가 있었던 투자자는 Chapter 2의 실전 연습을 하다가 참고할 사항이 있으면 Chapter 1으로 들어가봐도 된다.

　끝으로 단원 말미마다 투자 꿀팁이 있다. 필자는 글로벌 시각으로 한국 주식 시장을 봐야 성공 투자자가 된다고 믿는다. 투자 꿀팁은 글로벌 금융경제와 증권 시장의 단편적인 이야기다.

차례

01 Chapter · 저평가 종목 선택 프로세스 4단계

1단계 사업보고서부터 시작한다

2단계 재무제표의 기본만 알고 넘어간다

3단계 주가를 평가하는 지표를 단순하게 적용한다

02 Chapter 실전 연습

03 Chapter 매도 원칙

Chapter 01

저평가 종목 선택
프로세스 4단계

저평가 종목 선택 프로세스 4단계

◎ 1단계_사업보고서부터 시작한다

머리말에서 종목을 알고 투자해야 성공 투자의 가능성이 높아지고, 이를 위해서 애널 리포트를 봐야 한다고 했다. 그런데 애널리스트는 종목 리포트를 작성하면서 투자자가 기업(종목)의 사업 내용은 알고 있다고 가정하고, 수익추정을 업데이트하는 데 초점을 맞춘다. 따라서 투자자가 종목 리포트를 충분히 이해하려면 기업(종목)의 사업 내용을 알아야 하는데 사업보고서가 세부 내용을 제공한다.

삼성전자(005930)를 비롯해 모든 상장기업은 지난 분(반)기 또는 사업기의 영업활동 내역을 공시하는데, 제출 서류의 이름이 사업보고서다. 그런데 사업보고서의 내용이 너무 방대해서 전문지식이 부족한 개인 투자자가 이해하기 어려울 뿐 아니라 오랜 시간 씨름해야 한다. '1단계_사업보고서부터 시작한다'에서는 사업보고서의 방대한 내용을 쉽게 접근하는 방법을 소개한다.

01 사업보고서에는 값진 투자 정보가 있다

진짬뽕 열풍

2015년 말부터 라면 회사들이 시장점유율을 확대하기 위해 전쟁을 치렀다. 당시 업계 2위였던 오뚜기(007310)가 고가(高價)인 짬뽕라면 열풍을 일으켰다. 2015년 10월 진짬뽕을 출시했다. 회사는 짬뽕 맛집 80곳을 돌며 연구한 끝에 굵은 면발과 짬뽕에 어울리는 풍부한 건더기가 핵심 포인트라고 결론을 내렸다. 진짬뽕은 시장에 출시되자마자 선풍적인 인기를 끌었다.

진짬뽕의 판매가 급등하면서 오뚜기는 경쟁사의 시장을 잠식해 시장점유율을 늘렸다. 〈1-1〉과 〈1-2〉에서 보는 바와 같이 2015년 10월 오뚜기의 라면시장 점유율은 21.2%이었는데, 그해 12월에 24.5%로 오르더니 일 년이 좀 더 지난 2016년 12월에는 25.6%로 급등했다.

〈1-1〉 2015년 오뚜기 시장점유율 추이

(단위 : %, %P)

구분	'15. 12월	'15. 11월	'15. 10월	'14. 12월	전년 동기 대비
카레	80.5	78.4	79.2	83.1	-2.6
3분류	91.0	91.3	91.5	91.3	-0.3
참기름	42.3	49.2	46.5	49.7	-7.4
라면	24.5	22.5	21.2	19.3	5.2
드레싱(상온)	43.5	44.2	45.0	41.4	2.1

자료 : 오뚜기 2015년 사업보고서

〈1-2〉 2016년 오뚜기 시장점유율 추이

(단위 : %, %P)

구분	'16. 12월	'16. 11월	'16. 10월	'15. 12월	'14. 12월
카레	79.0	79.7	79.7	80.5	83.1
3분류	93.5	92.5	92.8	91.0	91.3
참기름	42.9	52.0	44.4	42.3	49.7
라면	25.6	24.2	22.6	24.5	19.3
드레싱(상온)	43.9	45.7	44.5	43.5	41.4

자료 : 오뚜기 2016년 사업보고서

성숙기에 들어간 국내 라면 시장에서는 전체 시장의 성장이 정체돼 한 업체가 치고 나오면 다른 경쟁사의 몫이 줄어들기 마련이다. 오뚜기의 라면 매출이 급등하면서 라면 시장의 강자인 농심(004370)은 2015년 61.5%의 시장점유율에서 2016년에는 55.2%로 급락했다.

〈1-3〉 농심의 시장점유율 추이

(년간기준)   (금액기준%)

기간	구분	농심	기타	비고
2016년	라면	55.2	44.8	
2015년	라면	61.5	38.5	
2014년	라면	64.3	35.7	

자료 : 농심 2016년 사업보고서

　한편, 오뚜기의 라면 시장점유율이 크게 오르면서 라면 매출이 급증한 것은 당연한 일이다. 〈1-4〉에서 보는 바와 같이 오뚜기의 사업 영역은 넓은데, 면제품류 부문이 가장 크다. 그런데 오뚜기의 사업보고서에서는 라면 매출을 별도로 기재하지 않아 라면 매출이 포함된 면제품류를 기준으로 한다. 2015년(45기) 오뚜기의 면제품류의 매출과 당기순이익이 각각 5,762억 원과 282억 원에서 2016년(46기)에는 6,865억 원과 412억 원으로 크게 늘어났다.

　사업부문 전체의 당기순이익은 2015년의 1,049억 원에서 2016년에는 1,380억 원으로 331억 원(31.6% 증가) 늘어났다. 면제품류의 당기순이익 증가분 131억 원은 전체 당기순이익 증가분인 331억 원의 근 40%를 차지했다.

〈1-4〉 오뚜기의 부문별 매출

(단위 : 천 원, %)

구분	제46(당)기				제45(전)기			
	매출액	부문간수익	외부수익	당기순이익	매출액	부문간수익	외부수익	당기순이익
건조식품류	285,891,013	(18,555,532)	267,335,481	28,769,641	285,664,976	(18,653,471)	267,011,505	22,220,215
양념소스류	422,483,268	(27,420,947)	395,062,321	36,977,925	424,971,933	(27,749,996)	397,221,937	27,295,995
유지류	254,980,152	(16,549,288)	238,430,864	7,469,680	264,686,411	(17,283,605)	247,402,806	6,644,127
면제품류	686,517,913	(44,557,909)	641,960,004	41,191,982	576,222,748	(37,626,436)	538,596,312	28,163,646
농수산 가공품류	225,770,878	(14,653,483)	211,117,395	9,859,956	221,545,706	(14,466,585)	207,079,121	6,948,756
기타	274,573,082	(17,820,951)	256,752,131	17,553,065	241,560,835	(15,773,541)	225,787,294	13,660,723
부문 합계	2,150,216,306	(139,558,110)	2,010,658,196	141,822,249	2,014,652,609	(131,553,634)	1,883,098,945	104,933,462
연결조정 등	(139,558,110)	139,558,110	-	(3,830,943)	(131,553,634)	131,553,634	-	-
합계	2,010,658,196	-	2,010,658,196	137,991,306	1,883,098,975	-	1,883,098,945	104,933,462

자료 : 오뚜기 2016년 사업보고서

주가는 기업의 이익을 반영한다. 2015년 한 해에 오뚜기(007310) 주가는 근 150% 급등했다.

〈1-5〉 오뚜기(007310) 차트

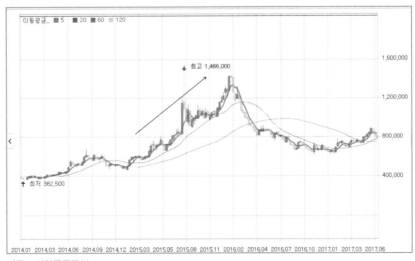

자료 : 신한금융투자

좋은데이 돌풍

라면 시장의 진짬뽕 열풍은 소주 시장의 좋은데이 돌풍에 비하면 강도나 규모면에서 훨씬 못 미친다. 부산, 경남 그리고 울산을 대표하는 소주 회사인 무학(033920)이 2006년 11월에 알코올 도수 16.9%인 저도주를 출시했다. 회사는 2000년대 초반 이후 여성의 사회진출 확대로 남녀가 함께하는 술자리가 많아질 것으로 보았기 때문이다.

2006년 출시 이후 회사는 마케팅 활동을 적극화했는데 2년 정도 지나면서 시장에서 돌풍을 일으키기 시작했다. 2007년 소주시장에서 무학의 시장점유율은 8.0%였는데 2009년에 8.5%로 오르기 시작하더니, 이후 급격하게 상승했다. 2013년 초에는 15%를 넘어 시장점유율이 2007년 대비 근 2배로 늘어났다.

〈1-6〉 무학의 시장점유율 추이   (단위 : %)

구분	2013년 (1~2월)	2012년	2011년	2010년	2009년
무학	15.1	14.0	12.9	10.0	8.5
하이트진로	44.4	48.8	47.2	50.5	50.0
롯데BG	17.2	15.1	16.1	13.8	13.2
금복주	10.1	7.5	8.0	8.3	8.8
보해양주	4.1	5.0	5.1	5.1	5.2
선양	2.9	3.2	3.4	3.2	3.1
대선주조	2.8	3.3	4.0	5.9	7.5
충북소주	1.5	1.3	1.2	1.4	1.4
한라산	1.3	1.2	1.2	1.2	1.2
보배	0.7	0.8	0.9	1.0	1.0

자료 : 무학 2016년 사업보고서

시장점유율이 급등한다는 것은 매출액이 급상승한다는 의미다. 매출액이 급증하면서 영업이익이 크게 늘었다. 2009년(37기) 무학의 매출액과 영업이익이 각각 1,355억 원과 276억 원이었는데 이후 크게 증가해 2014년(42기)에는 매출액이 2,852억 원에 영업이익은 무려 815억 원을 기록했다.

〈1-7〉 무학 요약손익계산서(2009년) (단위 : 백만 원)

구분	제37기	제36기
매출액	135,457	135,733
영업이익	27,621	29,174

자료 : 무학 2009년 사업보고서

〈1-8〉 무학 요약손익계산서(2014년) (단위 : 백만 원)

과목	제42기	제41기	제40기
[매출액]	285,233	234,137	211,280
[매출원가]	148,586	124,415	116,888
[매출총이익]	136,647	109,722	94,392
[판매비와 관리비]	55,136	49,743	47,639
[영업이익]	81,511	59,979	46,752

자료 : 무학 2014년 사업보고서

주가는 이를 반영해 2011년 초 6,000원 수준에서 2015년 7월 65,000을 돌파해 4년 반만에 무려 10배나 올랐다.

〈1-9〉 무학(033920) 차트

이동평균... ■5 ■20 ■60 ■120

최고 66,100

최저 5,750

2010.11 2011.06 2012.01 2012.08 2013.03 2013.10 2014.05 2014.12 2015.07 2016.02 2016.09 2017.04

자료 : 신한금융투자

✓투자 포인트 시장점유율 변화와 주가

　신제품을 출시한 후 시장점유율이 올라가려면 광고와 판촉 활동을 강화해야 한다. 그런데 시장점유율이 오르면서 매출과 영업이익이 늘어나는 선순환을 가져와야 주가가 오른다. 반대로 시장점유율을 올리려고 비용 지출이 크게 늘었는데 이로 인해 영업이익이 줄어든다면 주가는 곤두박질친다.

〈1-10〉에서 보는 바와 같이 무학의 경우 시장점유율이 늘어나면서 2014년 영업이익이 815억 원으로 피크를 이룬다. 주가는 당연히 이를 반영해 급등했다. 2014년 시장점유율이 생략되어 있으나 매출액이 전년 대비 20.9%나 늘어난 점으로 보아 2014년 시장점유율이 크게 증가했을 것으로 추정할 수 있다(2013년 시장점유율은 1~2월 두 달 기간이며 이후의 시장점유율은 회사의 사업보고서에서 기재되지 않았다).

〈1-10〉 무학의 판촉비 등과 영업이익 추이   (단위 : 억 원)

연도	2009	2010	2011	2012	2013	2014	2015	2016
시장점유율	8.5%	10.0%	12.9%	14.0%	15.1%?	?%	?%	?%
매출액 (증가율%)	1354	1593 (17.6)	1956 (22.8)	2112 (8.0)	2400 (13.6)	2901 (20.9)	2957 (1.9)	2701 (-8.6)
광고비와 판촉비	136	136	199	209	190	238	337	375
영업이익	276	377	446	462	598	815	656	519

자료 : 무학의 각 년도 사업보고서 및 감사보고서

2014년까지 영업이익이 크게 늘어난 배경을 보자. 2011년부터 광고와 판촉 활동을 강화하면서 부산과 경남지역에서의 매출액이 크게 늘어 영업이익이 급증했다. 이 기간에는 늘어나는 비용을 충당하고도 남는 이익이 컸다는 의미다. 즉 시장점유율이 오르면서 매출과 영업이익이 크게 늘어나는 선순환을 보였다.

그러나 2015년과 2016년의 영업이익은 감소했다. 2015년 매출액이 1.9% 증가로 정체되었고 2016년에는 8.6% 역성장했다. 매출이 부진한 가운데 광고비와 판촉비 지출은 크게 늘어나 영업이익이 큰 폭으로 떨어졌다. 무슨 일이 있었나?

무학은 2015년부터 수도권의 강자인 하이트진로와 롯데칠성에 도전장을 내밀었다. 2015년에는 2014년 대비 100억 원 정도의 광고비와 판촉비를 더 썼다. 그러나 부산과 경남지역에서와는 달리 수도권에서는 엄청난 비용을 쓰는데도 매출액이 늘어나지 않았다. 주가가 큰 폭으로 하락했음은 말할 나위 없다.

무학의 사례에서 보는 바와 같이 시장점유율 증감과 주가의 관계를 알려면 〈1-10〉처럼 광고비와 판촉비 증가 추이와 영업이익 추이를 상호 비교해야 한다. 즉 광고비와 판촉비가 늘어나는데 영업이익이 정체를 보이거나 감소하면 주가에는 부정적이다. 반대로 비용이 늘어나더라도 매출액이 크게 늘어 영업이익이 늘어나면 주가에 긍정적이다.

 투자 포인트

무학의 예를 가지고 투자 포인트를 생각해보자.

2014년 초 무학의 주가가 20,000원 수준이었다. 투자자 '갑'은 앞으로도 좋은 데이가 잘 팔릴 것으로 생각하고 매수했다. 주가는 계속 올라 30,000원 수준이 되었다. 그는 주가가 너무 올랐다고 판단하고 50%의 이익을 내고 매도했는데 주가는 계속 올라간다. 시장에서는 좋은데이의 히트 스토리가 지속될 것이라 했다.

그래서 그는 2015년 중반 50,000원 수준에서 다시 매수했다. 매수한 지 얼마되지 않아 60,000원을 넘었고 좋은데이가 계속 잘 팔릴 것으로 생각하고 장기 보유하기로 했다. 그런데 주가는 65,000원 수준에서 상투를 치더니 2016년 초 30,000원 수준으로 하락했다.

투자자 '을'은 애널의 무학보고서가 나오는 대로 읽었다. 그리고 사업보고서에서 무학의 마케팅 비용(광고비와 판촉비)과 영업이익 추이를 유심히 관찰했다. 2015년 1~3분기보고서를 면밀하게 관찰한 그는 2015년 3분기가 마케팅 비용 증가와 영업이익 감소의 전환점이라고 결론 내렸다. 1~2분기에 마케팅 비용이 크게 늘었는데 영업이익은 정체 또는 소폭 감소하다가 3분기에 마케팅 비용은 계속 늘어났고 영업이익이 뚝 떨어졌다.

투자자 '을'은 2015년 3분기 보고서가 공시되던 날인 11월 16일보다 나흘 뒤인 11월 20일에 44,000원에 매도했다. 투자자 '을'은 무학의 투자 포인트를 확실히 알았기 때문에 가능했다. 투자자 '갑'은 30,000원까지 떨어진 주식을 팔지 못하고 갖고 있다가 주가가 더 하락하면서 결국 매도했다.

이 사례는 투자 포인트를 인식하느냐 아니냐가 이렇듯 큰 차이를 보여준다는 것을 말해준다. 필자는 독자들이 이 책을 완독한 후 투자자 '을'과 같이 종목을 보는 눈이 달라지기를 기대한다.

螳 : 사마귀 당, 螂 : 사마귀 랑, 捕 : 사로잡을 포, 蟬 : 매미 선
사마귀가 매미를 잡는다는 의미

중국의 춘추시대 말기 오나라 왕 부차는 월나라를 무너뜨린 후 향락에 빠졌다. 더욱이 월나라가 재기하려 한다는 신하들의 말을 들으려 하지 않았다. 어느 날 아침 부차는 태자가 활을 든 채 옷이 흠뻑 젖어 있는 모습을 보았다. 부차는 태자에게 "왜 이른 아침에 옷이 흠뻑 젖었느냐?"고 물었다. 이에 태자는 대답했다.

"아침에 정원에 나갔는데 나뭇가지에 매미가 울고 있었습니다. 그런데 매미 뒤에서 사마귀가 매미를 잡아먹으려고 노리고 있었습니다. 이때 참새 한 마리가 날아와 사마귀를 잡아먹으려고 했습니다. 저는 참새를 잡으려고 활을 쏘았는데 활 쏘는 데만 정신이 팔려 웅덩이에 빠졌습니다." 이 말을 들은 부차는 비로소 크게 깨닫고 향락에서 헤어 나와 초나라를 공격하려던 생각을 포기했다.

투자할 때 가장 먼저 생각해야 하는 것이 리스크다. 투자에서의 리스크는 돈을 잃을 가능성이다. 예금보다는 채권 투자의 리스크가 크고, 주식 투자가 채권보다 리스크가 크다. 주식을 매수하는 데, 한 종목에 몰빵보다는 몇 종목에 분산하면 리스크를 줄일 수 있다. 또한, 투자 대상 기업을 알면 투자 손실 가능성, 즉 리스크를 줄일 수 있다.

스마트 투자는 투자 대상을 철저히 분석한다. 글로벌 경제 펀더멘털 또한 따져보고 투자함으로써 리스크를 줄여 투자 수익을 극대화한다. 리스크를 생각하지 않고 높은 수익률만 바라보는 투자자는 사마귀나 참새 또는 포수와 같은 신세가 된다. 투자에서 리스크는 아무리 강조해도 지나치지 않는다.

가정에서는 가계부에 항목별 수입, 지출 금액을 적는다. 이와 마찬가지로 기업의 경우는 사업보고서를 작성한다. 가계부와 사업보고서가 다른 점은 작성자가 다르다는 것과 사업보고서는 가계부에 비해 복잡하다는 점이다. 기업은 가계에 비해 활동 범위가 넓고 다양해 기재해야 하는 항목도 많고 복잡·다양할 수밖에 없다.

가계부와 사업보고서가 또 다른 점은 가계부는 노출하지 않는 반면, 상장법인의 사업보고서는 투자자를 위해 공시해야 한다. 상장법인은 기본적으로 기업 활동 정보를 사업보고서를 통해 공개한다. 이렇게 사업보고서를 작성하고 공시하는 이유는 투자자를 위함인데, 현실적으로 상당수의 투자자가 이를 참고하지 않는 점이 아이러니하다.

가계부는 통상 월 단위로 수입과 지출의 합계를 계산하는데, 이는 가계의 주 수입이 월급이기 때문이다. 그러나 사업보고서는 분기, 즉 3개월 단위로 계산한다. 기업의 영업활동이 가계보다 광범위하다고 앞에서 언급했다.

가계부의 경우는 월말이 되면 수입과 지출의 차이를 바로 알 수 있는 데 비해, 기업의 경우는 데이터가 바로 나오지 않는다. 다만 기업에 따라 분기가 종료된 후 며칠 또는 몇 주 지나 손익을 추정하고 이를 투자자에게 공시한다. 사업보고서는 법에서 일정한 작성 기간을 허용한다.

사업보고서 제출 시기

사업보고서를 제출할 때 포괄손익계산서 등 재무제표의 경우 회계법인의 감사보고서를 첨부해야 한다. 회사가 장부 정리 등을 하면서 사업보고서를 작성하는 데 시간이 소요되고 회계법인이 감사보고서를 작성하는 데 또한 시간이 걸린다. 분기와 반기보고서는 분기 종료 후 45일 이내에 제출해야 한다. 한편 연간(사업)보고서는 기업의 회계연도 종료 후 90일 이내에 제출해야 한다.

12월 결산법인의 경우 :

1Q의 실적을 45일 이후인 5월 15일까지 발표한다.
2Q의 실적을 45일 이후인 8월 15일까지 발표한다.
3Q의 실적을 45일 이후인 11월 15일까지 발표한다.
4Q의 실적을 90일 이후인 3월 30일까지 발표한다.

여기서 2Q실적은 1Q와 합산해 반기 실적, 4Q는 1~4Q, 즉 연간 실적을 발표한다. 따라서 1Q와 3Q보고서를 분기보고서, 2Q보고서를 반기보고서라고 하고 4Q보고서를 사업기보고서라 하는데 줄여서 사업보고서라 한다. 분기보고서, 반기보고서 그리고 사업기보고서를 통칭하여 사업보고서라고도 한다.

어닝스 시즌(Earnings Season)

삼성전자는 2017년 1분기 영업이익 잠정치가 9조 9,000억 원이라고 4월 7일 발표했다. 분기 종료 후 7일 만이다. 또한 2분기 영업이익

잠정치가 14조 원이라고 7월 7일에 발표했다. 삼성전자는 세계적인 기업이고 2017년 6월말 기준 외국인 지분율이 50%를 넘는다. 즉 주주의 50% 이상이 외국인 주주라는 의미다.

LG화학은 2017년 2분기 영업이익이 7,269억 원이라고 7월 19일에 발표했다. 분기 종료 후 19일 만이다.

삼성전자와 LG화학 등 국내 주요 기업들은 분기 실적 잠정치를 분기가 종료된 지 1~3주 내에 발표한다. 미국의 상장기업 중에서 규모가 비교적 큰 기업들은 분기 종료 후 1~2주 내에 분기 실적 잠정치를 발표한다. 주주와 투자자들에게 하루빨리 실적을 알려주려는 것이다.

어닝스 시즌은 이렇게 기업의 영업실적이 집중적으로 발표되는 시기를 말한다. 어떤 기업은 영업이익이 기대치보다 훨씬 잘 나오면 어닝스 서프라이즈(Earnings Suprise)라고 해서 주가가 크게 오른다. 반면 기대치보다 아주 낮으면 어닝스 쇼크(Earnings Shock)라 하면서 주가가 급락한다.

어닝스 시즌에 기업들의 실적 발표가 계속되면서 장세 트렌드가 변하기도 한다. 기대치보다 좋게 나오는 기업들이 많아지면 지수는 오르기 마련이다. 반면 기대치보다 적게 나오는 기업이 많으면 시장은 조정을 받는다.

한국의 경우 삼성전자와 LG화학처럼 분기 종료 후 수주 안에 잠정치를 발표하는 기업이 늘고 있다. 그러나 시가총액이 작은 기업 대부분은 사업보고서 제출 시기의 데드라인에 맞춘다. 이 경우 투자자는 사업보고서를 통해 실적을 알게 된다.

어디에서 사업보고서를 찾아보나?

〈2-1〉 금융감독원전자공시시스템

상장기업은 사업보고서를 금융감독원에 제출하고 감독원은 이를 공시한다. 개별 기업의 사업보고서를 다음과 같이 찾는다.

1. 금융감독원전자공시시스템(http://dart.fss.or.kr)으로 들어가 회사명(종목명) 또는 종목코드를 입력한다.
2. 기간(예 1년)을 선택하고 정기공시를 클릭한다.
3. 보고서의 종류에서 사업보고서, 반기보고서, 분기보고서 3가지를 모두 선택해 검색한다.
4. 사업보고서, 반기보고서, 분기보고서 중에서 가장 최근의 보고서를 참고한다.

가장 최근 보고서를 본다

가장 최근 발표된 보고서를 참조해야 현재의 상황을 알 수 있다. 지금이 6월 중순이라면 1분기사업보고서가 가장 최근 보고서다. 지금이 9월 초순이라면 반기(2분기)보고서가 가장 최근 나온 것이 된다. 금융감독원전자공시시스템에서 가장 앞에 나와 있는 것이 최근 보고서다. 따라서 가장 앞의 분기, 반기 또는 사업기보고서를 클릭하면 된다.

사업보고서의 내용

〈2-2〉현대제철 분기보고서 목차

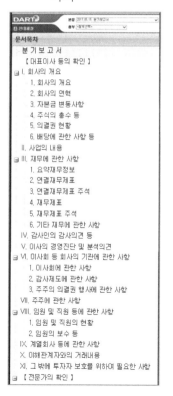

〈2-2〉는 현대제철(004020)의 2017년 1분기보고서의 목차다. 2017년 5월 15일에 공시했다.

사업보고서의 내용은 아주 많고 복잡하다. 우선 큰 목차를 보면 '회사의 개요', '사업의 내용', '재무에 관한 사항', '감사인의 감사의견 등' 그리고 '주주에 관한 사항' 등이 있다.

'회사의 개요'는 회사 설립년도, 발행 주식수 등 회사의 일반적인 사항을 언급하고 있다. 두 번째로 '사업의 내용'이 나온다. 이는 반드시 읽어야 하는데, 그 내용이 아주 방대하다. 개인 투자자는 이해하기 어려울 뿐 아니라 읽는 데도 장시간 소요된다. 이 문제를 해결하기 위해 효과적으로 읽는 방법을 뒤에서 소개한다.

세 번째로 '재무에 관한 사항'이 있다. 이것은 재무제표에 대한 내용이다. 재무제표에는 재무상태표, 포괄손익계산서 그리고 현금흐름표가 있다. 회계 비전문가인 개인 투자자는 필요한 경우 포괄손익계산서와 재무상태표의 일부 항목 정도만 이해하면 된다. 한편 주석은 재무제표 항목에 나오는 경우가 있고, 앞에서 보여준 사업보고서 표지의 상단에 '첨부선택'을 클릭하면 볼 수 있는 경우도 있다.

끝으로 '계열회사 등에 관한 사항'은 종속회사와 관계회사의 내역을 보여준다. 이 밖에 '주주에 관한 사항', '임원 및 직원 등에 관한 사항' 등 다른 항목이 있으나 이들 전부 무시해도 된다.

개인 투자자는 사업보고서의 여러 항목 중에서 'Ⅱ 사업의 내용'과 'Ⅲ 재무에 관한 사항' 그리고 'Ⅸ 계열회사 등에 관한 사항' 정도만 참조하면 된다. 그리고 필요시에는 '주석'을 읽어본다.

여기서 독자는 책을 덮고 금융감독원전자공시시스템(dart)으로 들어가 현대제철(004020)의 2017년 1분기보고서를 찾아보고 목차의 내용을 확인해본다.

多 : 많을 다, 岐 : 나눌 기, 亡 : 잃을 망, 羊 : 양 양
갈림길이 많아 양을 잃는다는 의미

전국 시대에 양자(楊子)라는 학자가 있었다. 어느 날, 이웃집에서 기르는 양 한 마리가 울타리를 빠져나갔다. 이웃 사람은 양을 찾기 위해 이 길 저 길 찾아다녔으나 끝내 양을 찾지 못하고 빈손으로 돌아왔다.

양자는 이웃 사람에게 "웬 요란을 이리 떠는 거요?"라고 물었다. 그러자 이웃은 "갈림길이 너무 많아 양을 찾지 못했다"라고 대답했다. 양자는 이웃의 말을 듣고 깨우쳤다. 학문도 여러 갈래인데 이곳저곳을 하지 않고 한 곳에 집중해 후일 이름을 떨친 학자가 되었다.

투자에서도 투자 원칙이 있다. 주가를 평가하는 대표적인 지표로 주가수익비율, 즉 PER(Price Earnings Ratio)가 있다. PER가 높으면 주가가 고평가, 반대로 낮으면 저평가 되었다는 의미다. 과거 기준으로 15배 이상의 PER가 고평가 상태였다면 어떤 투자자는 그 수준 이상이면 매도한다는 투자 원칙을 세운다. 그리고 이를 실천한다. 그러나 투자 원칙을 지키지 않는 투자자는 15배 이상에서도 "이번에는 다르다"라고 하면서 그대로 보유해 결국 큰 손실을 본다.

오늘은 이 원칙을 적용하고 내일은 저 원칙을 적용하면 백전백패다. 투자 원칙을 정하고 일관되게 적용해야 양을 잃지 않게 된다.

03 체크리스트를 이용해 사업보고서를 쉽게 본다

앞에서 언급한 바와 같이 사업보고서의 내용은 방대하다. 특히 전문 지식이 부족한 개인 투자자로서 사업보고서를 처음부터 끝까지 읽으려면 상당한 인내심을 요할 뿐 아니라 충분히 이해할 수도 없다. 마치 이사하기 위해 크고 작은 수없이 많은 이삿짐을 방마다 전부 풀어놓고 어떻게 해야 할지 쩔쩔매는 경우와 유사하다.

요즘은 포장이사를 주로 하며 이사하기 전에 관계자가 와서 이삿짐 목록을 체크한다. 그리고 이사하는 사람 중에서 꼼꼼한 사람은 이삿짐 목록을 자신이 스스로 작성하는데, 큰 품목 중심으로 리스트를 만든다. 마찬가지로 방대한 사업보고서를 이삿짐의 큰 품목 리스트처럼 체크리스트를 만들어 이를 확인하면 사업보고서 내용을 이해하기가 훨씬 쉬워진다.

또한, 사업보고서 목차에서 투자자로서 꼭 필요한 부분만 선별함으로써 시간과 노력을 줄일 수 있다고 했다. 목차의 여러 항목 중에서 'Ⅱ 사업의 내용'과 'Ⅲ 재무에 관한 사항' 그리고 'Ⅸ 계열회사 등에 관한 사항'으로 범위를 줄인다.

여기서는 'Ⅱ 사업의 내용'과 'Ⅸ 계열회사 등에 관한 사항'을 이해하기 위한 체크리스트를 소개한다. 체크리스트는 애널리스트로서 그리고 펀드매니저로서 필자가 사용하던 방법이다.

체크리스트1 : 매출구성

캡슐제조 회사인 서흥(008490)을 사례로 체크리스트를 설명한다. 먼저 매출구성부터 시작한다.

기업을 알려면 우선 기업이 만드는 제품이 무엇인지를 알아야 한다. 아이스크림을 만드는 회사의 경우, 투자자도 아이스크림이 어떻게 생겼고 언제 먹으며 값은 얼마나 하는지 잘 알고 있다. 올 여름 아주 더우리라 예상한다고 하자. 그러면 '올해 아이스크림 장사가 잘 되겠다'고 생각하고, 아이스크림 회사의 주식에 투자할 수 있다.

대부분의 투자자는 인터넷 게임을 잘 모른다. 게임회사의 주력 제품에 대한 지식이 없으므로 뭐가 잘되면 이 회사의 매출이 크게 늘어나는지 알 수가 없다. 따라서 게임회사에 투자하려면 인터넷 게임이 무엇인지부터 확실히 알아야 한다.

매출구성은 어떤 회사의 제품별 매출액 또는 제품별 매출액 비율이다. K회사가 a, b, c의 3가지 제품을 생산한다고 가정하자. 전체 매출액에서 a의 비중이 80%, b와 c가 각각 15%, 5%라고 가정하자. a는 이 회사의 주제품이다. 주제품에 초점을 맞추면 이 기업을 쉽게 이해할 수 있다. 하지만 J회사에서는 2가지 제품을 생산해서 판매하는데 각각의 매출비중이 60%, 40%라면 이 회사를 이해하기 위해서는 두 제품 모두에 초점을 맞추어야 한다.

빙그레(005180)의 매출구성은 바나나맛 우유, 요플레 등 냉장품목이 전체 매출의 65%를 차지하고 아이스크림이 35%다. 이 경우 아이스크림 부문도 관심을 가져야 한다. 여름 날씨가 더울 것으로 예상되면 이 종목을 매수해야 하는데, 문제는 더울지 아닐지 판단이 중요하다.

이제 금융감독원전자공시시스템(http://dart.fss.or.kr)으로 들어가 서흥(008490)의 사업보고서를 보자. 2017년 5월 15일 발표된 1분기보고서다. 목차에서 'Ⅱ 사업의 내용'을 클릭한다. 〈3-1〉은 품목별 또는 부문별 매출액과 비율을 보여준다.

크게 나누어 캡슐 부문이 전체 매출의 90% 정도 차지하고 10%가 젤라틴이다. 여기에서 품목이 이해되지 않으면 'Ⅱ 사업의 내용'에서 찾아 이해해야 한다. 거기에 품목에 대한 자세한 설명이 없으면 회사의 홈페이지에 들어가 제품을 알아야 한다.

〈3-1〉 매출구성
(단위 : 백만 원, %)

사업부문	품목	용도 및 기능	매출액	비율
캡슐 부문	하드캡슐	의약품 등의 내용물 보관	31,777	35.5
	의약품	의약품 전공정 수탁	16,249	18.0
	건강기능식품	건강기능식품 제조	30,665	34.1
	페인트볼 등	레저용 서바이벌 게임의 탄환	1,587	1.8
	상품	원료, 건강기능식품 등	79	0.1
원료 부문	젤리틴 등	젤리, 캡슐, 화장품 등의 원료	9,671	10.7
합계	-	-	90,028	100

자료 : 서흥의 2017년 1분기보고서

서흥의 경우 'Ⅱ 사업의 내용'에 자세히 기술되어 있다.

"먼저 하드캡슐(Hard capsule, 경질캅셀)이란 캡(Cap, 캡슐의 상단덮개부)과 바디(Body, 캡슐의 몸통부)로 구성된 원통 모형의 캡슐로, 캡슐 안에 담겨 있는 내용물의 변질을 막아주고 그 내용물의 섭취와 인체 흡수를 용이하게 하는 역할을 합니다."

"의약품 전공정 수탁 생산은 주로 소프트캡슐 제형으로 이루어지는 바, 소프트캡슐(Soft capsule, 연질캅셀)이란 액체 및 현탁제를 담고 있는 캡슐로, 조제된 내용물의 충전과 성형이 동시에 요구되어 하드캡슐과 달리 캡슐만 따로 생산이 불가한 제형입니다. 건강기능식품이란 인체의 건강증진 또는 보건용도에 유용한 영양소 및 기능성분을 사용해 캡슐, 정제, 액상 등의 형태로 제조·가공한 식품으로서 식품의약품안전처장이 정한 것으로, 당사는 소프트캡슐, 하드캡슐, 정제, 액제·젤리, 분말·과립 등의 다양한 제형으로 생산하고 있습니다. 페인트볼이란 레저용 서바이벌 게임에 사용되는 탄환으로 소프트캡슐 성형기술을 바탕으로 생산되며, 캡슐 제조 시 발생하는 부산물 등을 원료로 사용합니다."

자료 : 서흥의 2017년 1분기보고서

여기서 페인트볼과 상품이 전체 매출에서 차지하는 비중이 아주 작으므로 무시해도 좋다. 참고로 상품은 회사가 만드는 것과 같은 제품을 외부에서 구매해서 고객에게 납품하는 것을 말한다. 회사가 자사의 제품에 대한 일시적인 수급에 차질이 있을 수 있기 때문에 외부에서 제조한 제품을 공급한다.

개념정리 : 금융시장에서의 상품

금융시장에서도 상품이란 용어가 있다. 철광석, 구리, 곡물, 원유 등을 주식, 채권과 구분해 상품이라 한다. 이들에 투자하는 것을 상품 투자라 한다.

이제 서흥의 매출구성을 요약해본다.

요약 서흥의 주요제품으로는 캡슐부문과 원료부문이 있는데, 캡슐부문이 전체 매출의 90% 정도고 원료인 젤라틴 부문이 10% 정도 차지한다. 캡슐부문에는 하드캡슐(35%), 의약품(18%) 그리고 건강기능식품(34%)로 구성된다.

여기서 독자는 책을 덮고 dart에서 서흥의 2017년 1분기보고서를 찾아 'Ⅱ 사업의 내용'을 보고 앞에서와 같이 매출구성을 확인한다. 이후 나오는 체크리스트의 경우도 마찬가지다.

체크리스트2 : 수출 비중

수출기업은 해외시장의 영향을 받고, 내수기업은 말 그대로 내수시장 경기에 따라 좌우된다. 따라서 어떤 기업이 수출기업인지 또는 내수기업인지 구분할 필요가 있다. 특히 수출기업의 손익은 환율 변동에 영향을 크게 받는다.

〈3-2〉 수출 비중

(단위 : 백만 원)

사업부문	매출유형	품목		제45기 1분기	제44기	제43기
캡슐부문	제품	하드캡슐	내수	7,814	29,139	27,639
			수출	23,963	94,391	89,490
			합계	31,777	123,710	117,129
		의약품	내수	16,249	63,851	45,908
			수출	-	-	-
			합계	16,249	63,851	45,908
		건강기능식품	내수	29,407	102,540	95,844
			수출	1,258	7,939	473
			합계	30,665	110,479	96,317
		페인트볼 등	내수	177	906	998
			수출	1,410	7,859	8,743
			합계	1,587	8,765	9,741
	상품	건강기능식품, 기계부품 등	내수	79	232	1,324
			수출	-	6	158
			합계	79	238	1,482
원료부문	제품	젤라틴 등	내수	2,733	9,198	10,595
			수출	6,938	24,120	16,527
			합계	9,671	33,318	27,122
합계			내수	56,459	206,046	183,008
			수출	33,569	134,315	121,116
			합계	90,028	340,361	304,124

자료 : 서흥의 2017년 1분기보고서

수출 비중은 수출/합계이며 45기 1분기(2017년 1분기)는 37.3%로 2016년과 2015년의 39.5%와 39.8% 대비 소폭 떨어졌다. 그러나 분기별 수출규모가 다를 수 있어 연간 수출 비중은 큰 변화가 없다.

서흥의 수출 비중을 요약한다.

요약 수출 비중이 37% 수준으로 큰 변화가 없다.

체크리스트3 : 매출처

어디에 판매하는지, 매출처가 몇 곳인지는 중요한 사업 내용이다. 매출처, 즉 고객이 많으면 판매하는 입장에서 우위에 있을 수 있기 때문에 판매단가 협상에서 유리한 지위에 있게 된다. 그러나 매출처가 한두 곳으로 제한되어 있으면 가격 협상력이 떨어져 판매회사 입장에서는 불리하다. 고객이 하나 또는 둘이면 고객의 사업이 어떻게 되는가에 따라 회사의 사활과 직결되기도 한다.

신세계건설(034300)의 대주주 지분은 이마트를 포함해 42.7%인데 이마트, 신세계 등 대주주 관련회사에 대한 매출 비중이 56.3%(2017년 1분기 사업보고서 기준)로 여전히 높다. 그러나 지난 10년간 회사는 이 비중을 줄이려고 노력하고 있다. 즉 매출처 다각화를 추진하고 있다.

그러면 서흥의 매출처를 보자. 다음은 1분기보고서 '사업의 내용'에서 매출처 등에 대한 내용이다.

"국내 시장에서는 당사가 95% 이상의 시장지배력을 보이고 있는 바, 국내 상당수의 제약회사를 거래처로 두고 있으며 지배회사인 (주)서흥이 국내 수요분을 모두 생산 및 판매하고 있습니다. 해외 시장은 다국적 제약회사를 중심으로 하드캡슐 수요가 꾸준히 증가하고 있는바, 당사의 해외시장 점유율은 약 8%로 3위권을 형성하고 있으며, 베트남공장 증설로 인한 공급여력 증가로 점유율이 계속 늘어날 전망입니다. 해외 수요분에 있어서는 지배회사인 (주)서흥 뿐만 아니라 서흥베트남, 서흥아메리카, 서흥재팬, 서흥유럽 등 종속회사에서 생산 및 판매 활동을 수행 중에 있습니다."

자료 : 서흥의 2017년 1분기보고서

요약 서홍의 매출처는 국내 상당수의 제약회사와 다국적 제약회사다.

 ## 자동차 부품회사의 매출처

자동차나 전자 업종에서는 부품회사가 있다. 자동차 부품회사의 매출처가 완성차 메이커이고 전자 부품회사의 매출처는 세트 메이커다. 이들 부품회사는 매출처가 한정되었거나 다변화되어 있다.

자동차 부품회사 중 가장 큰 현대모비스(012330)의 현대/기아에 대한 매출비중이 70% 수준이다. 만도(204320)의 현대자동차 그룹에 대한 비중은 56% 그리고 한온시스템(018880)의 현대 비중은 39% 수준이다. *비중 : 각사의 2017년 1분기보고서

만도와 한온시스템은 매출처가 다변화 되어 있다. 그러나 자동차 부품회사 중에서 규모가 작은 회사 대부분은 현대, 기아, 한국GM 등 국내 완성차 메이커에 대한 매출비중이 거의 100%에 육박한다. 따라서 국내 완성차 메이커의 실적에 따라 이들 중소형 부품회사의 경영이 휘둘린다.

이들 중소형 부품회사의 주가는 완성차 메이커의 주가보다 오를 때는 더 오르고 떨어질 때는 더 떨어진다.

체크리스트4 : 경쟁사와 시장점유율

2017년 6월 16일(금) 세계 최대의 전자상거래 기업인 아마존닷컴이 미국의 식품회사인 홀푸드(Whole Foods)를 137억 달러에 매수하기로 했다고 발표했다. 당일 뉴욕거래소와 나스닥에 상장해 있던 식품주들이 폭락했다. 크로거(Kroger)는 14.5% 폭락했고 타겟(Target)도 10%나 빠졌다. 코스트코(Costco)도 7% 하락했고 월마트(Wal-Mart)도 7% 떨어졌다.

아마존은 기존에 아마존 후레쉬(Amazon Fresh)라는 식품부문이 있었으나 영업 규모가 작았다. 따라서 식품회사를 인수해 식품을 전자상거래의 주요 품목으로 정착시키고자 했다. 월마트를 비롯한 기존의 식품회사들은 아마존의 가격 인하에 따라갈 수밖에 없을 것으로 예상했다. 또한, 전자상거래에 엄청난 액수를 투자해야 하는데 이로 인한 손익 악화를 우려해 투자자들은 주식을 내다 팔았다.

이렇듯 식품시장에 거대한 경쟁자가 나타나면서 업계 전체가 요동을 치기도 한다. 경쟁이 심화되면 마진이 줄어든다. 따라서 경쟁사 현황도 알아야 한다. 시장점유율도 중요한 사업 내용이다. 어떤 기업의 제품이 시장에서 50% 이상의 점유율을 보이면 그 시장에서 가장 경쟁력 있는 회사가 된다. 반면 점유율이 10~20% 수준이면 큰 회사를 따라가는 경쟁력 없는 회사가 된다. 시장점유율과 관련 '이 사업보고서에는 값진 투자 정보가 있다'에서 진짬뽕과 좋은데이 사례로 이미 설명했다.

그러면 서흥의 경우는 어떤가 보자. '체크리스트3 : 매출처'에서 언급한 내용을 다시 본다.

"국내 시장에서는 당사가 95% 이상의 시장지배력을 보이고 있는 바, 국내 상당수의 제약회사를 거래처로 두고 있으며 지배회사인 서흥이 수요분을 모두 생산 및 판매하고 있습니다. 국내. 해외 시장은 다국적 제약회사를 중심으로 하드캡슐 수요가 꾸준히 증가하고 있는바, 당사의 해외시장 점유율은 약 8%로 3위권을 형성하고 있으며, 베트남공장 증설로 인한 공급여력 증가로 점유율이 계속 늘어날 전망입니다. 해외 수요분에 있어서는 지배회사인 (주)서흥뿐만 아니라 서흥베트남, 서흥아메리카, 서흥재팬, 서흥유럽 등 종속회사에서 생산 및 판매 활동을 수행 중에 있습니다."

자료 : 서흥의 2017년 1분기보고서

요약 서흥은 국내시장을 거의 독점하고 있고 해외시장에서 점유율 8%로 3위의 회사다.

체크리스트5 : 판매단가와 원자재 가격추이

제품의 평균판매단가(ASP, Average Sale Price) 변화는 매출에도 영향을 주지만 영업이익에 결정적인 영향을 미친다. 아이스크림의 사례를 다시 한 번 들어보자. 아이스크림 하나의 출고가격이 800원에서 1,000원으로 오를 경우 판매수량이 동일하다고 가정하면 매출액은 25% 늘어난다(인건비 등 경비도 상승하지 않고, 설탕과 우유 등 원자재 가격도 오르지 않았다고 가정한다).

만일 아이스크림을 1만 개 판다고 가정해보자. 단가가 800원일 경우 800만 원의 매출이 일어난다. 원자재비용과 인건비 등 기타 경비를 포함해 640만 원이 지출되면 영업이익은 160만 원이 된다. 그런데 단가가 1,000원으로 오르면 매출이 1,000만 원이며 원자재비용과 제경비 640만 원을 빼면 영업이익이 360만 원이 된다. 매출은 25% 늘었을 뿐이지만, 영업이익은 125% 증가한 결과가 된다.

2015년 1월부터 2,500원 하던 담배 한 갑이 4,500원으로 2,000원이나 올랐다. 국내 최대 편의점인 BGF리테일(027410)의 2015년도 영업 실적이 크게 향상되었다. 2014년 전체 매출의 35.6%를 차지하던 담배가 2015년에는 42.7%로 7.1% 포인트 급등했고 전체 매출액이 2014년 7.8%에서 2015년에는 24.6% 성장했다. 2015년 영업이익은 48% 늘어나 1,836억 원을 기록했다. *자료 : 2014~2015년 사업보고서

주가는 2015년 1월 38,000원 수준에서 그해 8월 119,000원 수준으로 단기간에 3배 이상으로 급등했다.

담배가 인상의 경우처럼 제품의 단가 인상은 주가에 큰 호재가 된다. 그런데 현실적으로 원자재와 제 경비가 상승하지 않았는데, 제품 값을 올리기는 쉽지 않다. 통상 원자재 가격이 오르거나 제 경비가 늘어나면 제품 가격을 올리는데, 이 경우 원자재 가격이나 경비 상승분보다 제품 가격 상승으로 인한 이익 증가가 큰 경우가 대부분이다.

그러면 서흥의 판매단가와 원자재 가격추이를 보자.

〈3-3〉 판매단가 변화

품목		제45기 1분기	제44기	제43기
하드캡슐(원/EA)	국내	4,81	4,75	4.74
의약품		75,83	63,70	57.41
건강기능식품		67,82	70,09	87.46
페인트볼		9,41	9,60	10.54
젤라틴 (원/kg)	국내	9,837	9,941	9,995
	수출	7,810	8,799	9,283

자료 : 서흥의 2017년 1분기보고서

    2017년 1분기 하드캡슐과 의약품의 단가가 미세하게 상승했으나 건강기능식품과 젤라틴 가격이 소폭 하락해 전체적으로 판매단가의 큰 변화는 없었다.

〈3-4〉 원자재 가격 변화

3. 주요 원료

가. 주요 원료 현황

    캡슐 부문의 주요 원료는 젤라틴(Gelatin)으로 하드캡슐, 소프트캡슐 제조 시 주원료로 투입되며 페인트볼 등 기타 제형에도 폭넓게 사용됩니다. 2017년 1분기에 지배회사에 입고된 젤라틴 금액은 39억 원으로 지배회사 전체 원료 입고액 중 13.2%를 차지하며, 종속회사인 ㈜젤텍 및 미국, 유럽 등에서 안정적으로 공급받고 있습니다.

원료 부문의 주요 원료는 하이드(Hide)로, 하이드란 소나 말 등 커다란 동물의 무두질되어 있지 않은 생가죽을 뜻합니다. 2017년도 1분기에 입고된 하이드 금액은 원료부문 전체 원료 입고액 중 71.6%를 차지하며, 국내외 다수 거래처로부터 공급받고 있습니다.

주요원료	구분	제45기 1분기	제44기	제43기
젤라틴	국내	9,799	9,765	10,454
	수입	7,289	7,505	7,946
하이드	국내	247	276	272

자료 : 서흥의 2017년 1분기보고서

원자재인 젤라틴의 수입 가격과 하이드의 가격이 소폭 하락했으나 큰 변화는 아니다.

요약 서흥의 2017년 1분기 판매단가와 원자재 가격은 큰 변화가 없었다.

 정제마진과 롤마진

원자재 또는 원료를 가공해서 제품을 만드는 데 원자재 가격이 제품 가격에 민감하게 작용하는 부문이 정유와 석유화학 그리고 철강재다.

먼저 정유와 석유화학을 보자. 원유를 생산하면 이를 정제해서 휘발유, 경유, 나프타 등을 생산한다. 여기서 나프타를 원료로 에틸렌을 만들고 에틸렌으로 각종 석유화학 제품을 생산한다. 나프타 대신 가스로 에틸렌을 만들기도 한다. 에틸렌을 석유화학 산업의 쌀이라고 부른다.

여기서 원유를 정제해서 휘발유 등을 만들 때 제품 가격인 휘발유, 경우, 나프타 등의 가격에서 원자재인 원유 가격을 차감한 것을 '정제 마진'이라 한다. 정유회사는 정제 마진이 커지면 이익이 늘어나고 그 반대면 줄어든다.

정유회사는 원유를 일정기간(예 : 1~2개월) 전에 구매해서 유조선으로 수송하는데, 유가가 갑자기 오르면 1~2개월 전 싸게 구매했던 원유를 원료로 사용해 정제 마진이 확대된다. 반면 유가가 하락하면 비싸게 구매했던 원유를 원료로 사용하기 때문에 정제 마진이 줄어든다.

석유화학 회사들은 에틸렌으로 수많은 종류의 석유화학 제품을 생산한다. 예를 들어 타이어 원료인 부타디엔을 생산하는 석유화학 회사의 경우 마진은 부타디엔 가격에서 에틸렌 가격을 차감한 것인데 이 경우 스프레드라 한다.

한편 포스코나 현대제철은 고로에서 철강제품을 생산한다. 이 경우 철강제품 가격에서 원자재인 철광석과 원료탄 가격을 차감한 것이 마진인데 철강업계에서는 이를 롤마진이라 한다. 롤마진이 커지면 철강회사의 이익이 늘어난다.

정제 마진, 스프레드 그리고 롤 마진 등의 추세는 애널 리포트에서 수시로 업데이트한다.

체크리스트6 : 설비 투자

삼성전자(005930)는 2017년 7월 4일 장래사업 경영계획 공시를 통해 다음과 같이 설비 투자 계획을 발표했다.

"낸드플래시 시장의 경쟁력 강화를 위해 최근 가동을 시작한 평택 1라인에 대해 증설 투자 계획이며, 2021년까지 총 투자 규모는 약 30조원에 이를 것으로 예상하고 미래 반도체 시장 준비 전략의 일환으로 화성 사업장에 약 6조 원을 투자하여 첨단 인프라에 최적화된 신규 라인 확보를 추진한다."

이처럼 기업들은 지속적인 성장을 위해 생산설비를 늘린다. 또한 삼성의 경우처럼 글로벌 반도체 시장에서 선두의 자리를 지키기 위해 엄청난 액수의 설비 투자를 계획하고 있다.

설비 투자를 하면 생산능력이 늘어나고 이는 매출액 증가로 이어진다. 불황에 투자를 늘리는 기업도 있지만, 통상 기업이 설비 투자 계획을 발표할 때 사업이 잘 되고 있는 경우가 대부분이다.

그런데 상장기업이 과거에 비해 국내에서 설비를 늘리기보다는 해외에 자회사를 설립하는 경우가 더 많다. 이런 의미에서 체크리스트 항목 가운데 하나인 '설비 투자'의 중요성이 과거에 비해 떨어진다. 그러나 철강, 석유화학 등 소재산업에 속하는 대부분의 기업들은 국내 공장을 증설하기 때문에 여전히 체크해야 할 항목이다.

서흥의 설비 투자를 보자.

2017년 1분기보고서에서의 'Ⅱ 사업의 내용'의 "4. 생산 및 설비"의 제목에서 현재 설비 투자가 진행 중이거나, 또는 향후 계획에 대한 언급이 없다. 서흥은 국내보다는 베트남에 설비를 늘려왔다.

요약 서흥은 현재 진행 중인 설비 투자가 없으며 투자 계획 또한 없다.

 설비 투자와 감가상각 그리고 EBITDA

코오롱플라스틱(138490)은 2017년 1분기보고서에서 설비 투자에 관해 "POM 라인 증설은 진행 중이며 투자 규모가 231억 원이다. 또한 컴파운드 설비 및 연구소 이전, 증설에 따르는 투자 비용이 365억 원으로 투자가 완료되었다"고 언급했다. 설비 투자 규모가 596억 원이다. 이 회사의 2016년 매출액과 영업이익은 2,383억 원과 179억 원이었다. 그리고 감가상각비는 92억 원이었다.

EBITDA(Earnings Before Interest, Taxes, Depreciation and Amortization)는 이자, 법인세, 감가상각비 그리고 무형자산상각비 차감 전 이익을 말한다. 영업활동으로 벌어들인 현금 창출능력을 말한다. 편의상 영업이익에 감가상각비 (Depreciation and Amortization)를 더한 수치를 사용한다. 코오롱플라스틱의 경우 2016년 EBITDA는 179억 원에 92억 원을 더한 271억 원이다.

그런데 2017년에는 이 회사의 대규모 설비 투자로 감가상각비가 크게 늘어날 것이다. 만일 2017년 감가상각비가 2016년 대비 60억 원이 더 늘어난다고 가정할 때 2017년 감가상각비는 152억 원이 된다.

2017년 연간 매출액이 전년 대비 15% 늘어나 2,740억 원 그리고 영업이익이 160억 원이었다고 가정하자. 2017년 영업이익이 2016년 대비 19억 원이나 감소해 주가에 부정적으로 판단할 수 있다. 그런데 영업이익이 감소한 이유는 감가상각이 급증했기 때문인데 2017년 EBITDA는 312억 원(152+160)으로 2016년 271억 원 대비 15% 늘어났다. 이 경우 주가에 오히려 긍정적으로 작용할 수 있다. 참고로 감가상각비는 재무제표 가운데 하나인 현금흐름표에서 찾는다.

체크리스트7 : 신제품과 신규사업

하이트진로(000080)는 2017년 4월에 신개념 맥주인 발포주 필라이트(FiLite)를 시장에 내놨다. 대형마트 기준 만 원에 12캔을 구매할 수 있는 저가 맥주다. 회사는 주력 상품 가운데 하나로 키워나갈 계획이다.

리조트 회사인 대명그룹 계열의 대명코퍼레이션(007720)은 기업에 소모성 자재를 공급하는 B2B유통사업이 주력사업이었다. 그런데 동사는 2017년 6월 천안에 소재한 테딘 리조트를 인수하고 베트남 오션월드 사업에 진출함으로써 리조트 분양 및 운영사업에 뛰어들었다.

신규사업에 진출할 경우 대명과 같이 신사업부문으로 영위하거나 자회사 형태로 진출하기도 한다. 삼성전자(005930)는 2016년 11월 미국의 자동차 전장 업체인 하먼(HARMAN)을 80억 달러에 인수하기로 계약을 체결했다. 하먼은 삼성전자의 자회사가 되었다.

이렇게 기업은 지속적으로 성장해야 하고 시장점유율을 사수하거나 또는 올리기 위해 신제품을 시장에 내놓는다. 또한, 기업은 새로운 사업 분야에 뛰어들어 장기성장을 도모한다. 신제품을 출시하거나 신규사업에 진출한다는 발표를 하면 주가가 일시적으로 반응하기도 한다.

그러면 신제품과 신규사업은 무엇인가? 서흥은 캡슐과 관련된 제품만을 오랜 기간 만들어온 회사다. 신제품과 신규사업은 없다.

요약 신제품과 신규사업이 없다.

체크리스트8 : 계열회사

A회사가 B회사의 지분을 50% 이상 초과해서 보유하고 있거나 50% 미만이라 하더라도 실질적으로 지배하고 있으면 A회사를 지배회사라 하고 B회사를 종속회사라고 한다. 한편 C회사가 D회사의 지분을 20% 이상 보유하고 있으면 D회사를 C회사의 관계회사라 한다. 종속회사와 관계회사를 계열회사라 한다. 지배회사와 종속회사는 한 몸으로 보고 연결재무제표를 작성한다. 따라서 지배회사의 사업 내용을 알고자 할 때 종속회사의 사업 내용도 당연히 알아야 한다.

'02 사업보고서는 기업의 가계부'에서 'Ⅱ 사업의 내용'과 'Ⅸ 계열회사 등에 관한 사항'을 읽어야 한다고 했다. 'Ⅸ 계열회사 등에 관한 사항'에 종속회사와 관계회사에 대한 내용이 있다.

그러면 서흥의 계열회사 등에 관한 사항을 보자.

〈3-5〉 서흥의 계열회사

구분	지분율(%)	임원겸직현황	사업자번호	비고
㈜서흥	-	대표이사 양주환 사내이사 김상선	130-81-00576	지배회사
㈜젤텍	42.84	대표이상 양주환 감사 김상선	622-81-21099	종속회사
㈜에프엠에서	100.00	—	722-87-00533	
Suheung America Co., Ltd,	100.00	대표이사 양주환		
Suheung Vietnam Co., Ltd,	100.00	—		
Suheung Japan Co., Ltd,	100.00	—	—	
Suheung Eurpoe SASU	100.00	—		
SH Asset Management LLC.	-	—		
Uni-Caps LLC.	-	—		—
J&S Capsule LLC.	-	—		
CS Property Management LLC.	-	—		
Suheung International Co., Ltd,	-	—		

자료 : 서흥의 2017년 1분기보고서

〈3-5〉에서와 같이 ㈜서흥이 지배회사이고 ㈜젤텍 지분을 42.84%로 50% 미만이나 실질적으로 지배하고 있어 종속회사가 된다. 그 외 지분율 100%를 보유하고 있는 5개 회사가 종속회사다. 한편 서흥은 관계회사가 없다.

그런데 종속회사 6개를 전부 알아야 되는 건 아니다. 이 가운데 지배회사 이익에 기여가 큰 회사만 알아보면 된다. 그러면 큰 회사는 어떻게 알아보나? 'Ⅸ 계열회사 등에 관한 사항'에 '1 계열회사의 현황'에 이어 '2 타법인 출자현황'이 있는데, 이를 참고하면 된다.

〈3-6〉 서흥의 타법인 출자현황

(기준일 : 2017년 3월 31일) (단위 : 백만 원, 천 주, %)

법인명	최초 취득일자	출자 목적	최초 취득 금액	기초잔액			증가(감소)			기말잔액			최근사업연도 재무현황	
				수량	지분율	장부 가액	취득(처분)		평가 손익	수량	지분율	장부 가액	총자산	당기 순이익
							수량	금액						
㈜젤텍	1998. 05. 25.	투자	1,500	428	42.84	2,306	-	-	-	428	42.84	2,306	91,118	591
Suheung America	1998. 07. 31.	투자	2,601	-	100.00	8,284	-	-	-	-	100.00	8,284	50,337	247
Suheung Vietnam	2006. 10. 13.	투자	958	-	100.00	14,503	-	-	-	-	100.00	14,503	85,672	1,267
Suheung Japan	2007. 12. 20.	투자	42	-	100.00	614	-	-	-	-	100.00	914	1,957	19
㈜엔도더마	2015. 08. 24.	투자	2,500	500	13.41	2,084	-	-	-	500	13.41	2,084	7,969	-2,444
㈜내츄럴엔도텍 (코스닥 상장)	2015. 11. 02.	투자	10,957	1,015	5.21	17,807	-	-	-1,877	1,015	5.21	15,930	84,785	-12,887
Suheung Europe	2016. 02. 05.	투자	675	-	100.00	675	-	-	-	-	100.00	675	1,657	28
㈜에프엠에스	2016. 11. 15.	투자	3,000	600	100.00	3,000	-	-	-	600	100.00	3,000	6,951	-36
합계				-		49,573	-	-	-1,877	-		47,696	-	-

자료 : 서흥의 2017년 1분기보고서

〈3-6〉의 우측의 '기말잔액'의 '지분율'과 '당기순이익'을 본다. 지분율 5.21%와 13.41%의 ㈜내츄럴엔도텍과 엔도더마는 비록 당기순손실이 컸으나 낮은 지분율 때문에 지배회사에 미치는 영향이 작다. 또한, Suheung Vietnam을 제외한 다른 종속회사도 당기순손익이 작아 지배회사 손익에 별로 기여하지 못한다. 따라서 서흥의 경우 종속회사 서흥 베트남만 생각하면 된다.

요약 서흥의 주요 종속회사는 지분 100%를 갖고 있는 서흥베트남이다.

사업의 내용 요약해보기

체크리스트 1~8을 통해 서흥이 어떤 회사라는 것을 알게 되었다. 이제 체크리스트마다 끝에 있는 요약 부분에 접속사를 넣어 연결시켜본다.

서흥의 주요 제품으로는 캡슐부문과 원료부문이 있는데, 캡슐부문이 전체 매출의 90% 정도이고 원료인 젤라틴 부문이 10% 정도 차지한다. 캡슐부문에는 하드캡슐(35%), 의약품(18%) 그리고 건강기능식품(34%)으로 구성된다.

수출 비중이 37% 수준으로 큰 변화는 없으며 매출처는 국내 상당수의 제약회사와 다국적 제약회사다. 국내시장을 거의 독점하고 있고 해외시장에서 점유율 8%로 3위의 회사다.

2017년 1분기 판매단가와 원자재 가격은 큰 변화가 없었으며 현재 진행 중인 설비 투자가 없고 투자 계획 또한 없다. 신제품과 신규사업이 없으며 주요 종속회사는 지분 100%를 갖고 있는 서흥베트남이다.

꼬리가 몸통을 움직인다(Wag the dog)

다우기술(023590)은 키움증권(039490)의 지분을 47.7% 보유하고 있는데, 실질적으로 지배하고 있어 지배기업이고 키움증권은 종속회사. 2017년 1분기 다우기술의 연결기준 당기순이익은 642억 원이었는데 이 중 80%인 517억 원이 키움증권 순이익이었다.

이후 키움의 당기순이익이 더 늘어났고 이로 인해 다우기술의 연결 순이익이 늘어나면서 다우기술의 주가가 견조하게 상승했다. 다우기술 주가는 종속회사인 키움증권의 실적이 좋아지면서 올랐다. 꼬리가 몸통을 움직인다는 이야기다.

증권시장에서 잘못된 편견 가운데 하나는 한국은 수출경제이어서 원화가 약세로 가야 주가가 오른다는 것이다. 개별 종목에 따라서는 원화가 약세로 가면 원화 기준 매출과 영업이익이 늘어나 주가가 상승하는 경우가 있다.

예를 들어 수출기업 A의 매출액이 1억 달러, 영업이익이 1천만 달러인 경우를 생각해보자. 환율이 달러 당 1,000원에서 1,200원으로 약세가 되면 원화 기준 영업이익이 100억 원에서 120억 원으로 늘어난다. 따라서 주가는 오른다.

그러나 원화 약세의 배경을 생각해야 한다. 금리 등 다른 요인도 있지만 근본적으로 한국경제의 수출이 부진하면 원화가 약세로 간다. 수출 부진은 수출 기업들의 실적 악화를 의미한다. 매출이 1억 달러가 아니라 8,000만 달러로 줄고 따라서 영업이익이 8백만 달러가 된다. 원화 기준 영업이익은 환율이 1,000원에서 1,200원으로 오르더라도 96억 원이 되어 주가가 하락한다.

반대로 수출이 증가하는 경우를 보자. A기업의 경우 매출액 8천만 달러와 영업이익 8백만 달러이었다. 환율이 달러 당 1,200원이어서 영업이익이 96억 원이 된다. 그런데 수출이 늘어나 매출액 1억 달러에 영업이익이 1천만 달러로 증가한다. 환율이 1,000원으로 강세가 되어도 영업이익이 100억 원이 된다. 주가는 오른다.

결론적으로 수출 증가는 원화 강세를 유발하는데, 원화 강세로 인한 원화 매출액과 영업이익 감소 폭보다 달러화 기준 매출과 영업이익 증가 폭이 훨씬 크기 때문에 원화 강세가 되면 주가는 오른다.

2003년부터 시작된 코스피 대세 상승장도 그랬고 IMF 위기를 극복한 후 그리고 글로벌 금융위기를 넘기는 과정에서 코스피가 위기 이전 수준으로 반등할 때 모두 원화 강세였다. 특히 외국인 투자자들은 원화 강세가 되면 환차익을 얻어 그들의 매수세가 늘게 되어 강세장을 더 부추긴다.

04 사례1 : 한국철강(104700)

앞에서 서흥(008490)의 사업보고서를 보고 8개의 체크리스트를 이용해 서흥의 사업 내용을 요약해왔다. 서흥은 캡슐을 만드는 제조업에 속해 있다. 코스피와 코스닥의 상당수 기업은 제조업임에 따라 제조업에 속하는 기업의 사례를 한 번 더 들고자 한다. 한국철강(104700)이다.

여러분은 사례1을 독자적으로 해보기 바란다. 서흥의 경우처럼 체크리스트마다 요약하고 이후 접속사를 넣어 '사업의 내용 요약해보기'를 한다. 그리고 자신이 한 것과 여기에서 설명한 것을 비교해보기 바란다.

체크리스트 : ①∼⑦은 사업보고서 목차의 'Ⅱ 사업의 내용', ⑧ 계열회사는 'Ⅸ 계열회사 등에 관한 사항'을 참고한다.

① 매출구성

② 수출 비중

③ 매출처

④ 경쟁사와 시장점유율

⑤ 판매단가와 원자재 가격추이

⑥ 설비 투자

⑦ 신제품과 신규사업

⑧ 계열회사

체크리스트1 : 매출구성

〈4-1〉 매출구성

가. 회사는 건설, 조선, 단조업에 사용되는 철근, 단조 등을 생산, 판매하고 있으며 각 제품
별 매출액 및 총 매출액에서 차지하는 비율은 다음과 같습니다.

(단위 : 백만 원)

부문	매출유형	품목	구체적용도	매출액	비율(%)
철강	제품	철근	건축구조용	136,724	84.74
	제품	단조강	설비구조용	19,103	11.84
	상품	철근外	건축구조용外	4,088	2.53
	반제품外	INGOT外	–	1,429	0.89
합계			–	161,344	100.00

자료 : 한국철강 2017년 1분기보고서

　철근은 건설경기에 절대적인 영향을 받는다. 한국철강 매출의 85%
가 건축구조용으로 사용하는 철근이며 12%가 단조강이다. 당사의 단
조강은 조선, 석유화학 플랜트 등에 사용된다.

요약 철강과 단조강의 매출비중은 각각 85%와 12%다.

개념정리 : 단조강

회사의 제품이 어떤 것인지 알아야 사업의 내용을 쉽게 이해할 수 있다고 했다.
또한 투자 포인트를 결정할 때도 도움이 된다. 제품의 내용을 잘 알 수 없으면
회사의 홈페이지에 들어가 제품설명을 보면 된다.

〈4-2〉 한국철강 단조강

단조공장에서는 1977년 1000톤 유압프레스 가동 이후 꾸준한 기술 축적과 연구 개발을 통하여 고품질 대형 단조품 제조기술을 구축하여 조선, 석유화학, 풍력, 발전설비, 금형강, 공구강, 일반산업기계 등의 다양한 제품을 원소재부터 최종제품까지 일관 생산 가능한 프로세스를 구축하고 있습니다.

특히 2006년에 가동한 Flange 프레스와 2009년에 가동한 10000톤 유압 프레스는 조선부품의 전문화는 물론 대형화되고 있는 조선부품에 대한 고객의 요구를 만족시킬 수 있게 되었을 뿐만 아니라 풍력발전 등의 발전 설비를 안정적으로 생산 가능하게 하였습니다. 안정적인 품질과 주문 납기 준수를 통하여 국내뿐만 아니라 일본, 대만, 호주, 유럽 등으로의 제품 수출로 당사 제품의 신뢰도와 품질을 인정받고 있습니다.

자료 : 한국철강 홈페이지

체크리스트2 : 수출 비중

〈4-3〉 한국철강 수출 비중

(단위 : 백만 원)

부문	매출유형	품목		제10기 1분기	제9기	제8기
철강	제품	철근	수출	-	-	-
			내수	136,724	539,689	557,886
			소계	136,724	539,689	557,886
		단조	수출	6,555	29,381	29,032
			내수	12,548	60,212	70,306
			소계	19,103	89,593	99,338
	상품	철근外	수출	16	-	-
			내수	4,072	16,021	-
			소계	4,088	16,021	-
	반제품外	INGOT外	수출	290	1,406	1,697
			내수	1,139	16,660	25,636
			소계	1,429	18,066	27,333
	합계		수출	6,861	30,787	30,729
			내수	154,483	632,582	653,808
			소계	161,344	663,369	684,537

자료 : 한국철강 2017년 1분기보고서

제10기는 2017년이다. 1분기 수출 비중은 4%(수출/합계×100)이며 2016년 연간은 4.6%였다. 한국철강의 수출은 전체 매출에 비해 미미하며 한국철강은 전형적인 내수기업이다.

요약 한국철강의 수출은 미미하며 전형적인 내수기업이다.

체크리스트3 : 매출처

3) 시장의 특성

당사는 본사인 창원공장에서 철근, 단조강(R/Bar 및 S/Bar, 일반단조품) 등을 주요 품목으로 생산, 판매하고 있으며, 주요 영업지역은 부산, 경남, 경인지역으로 창원영업팀과 서울영업팀, 단조영업1팀, 단조영업2팀, 광주영업소 및 전주, 순천, 목포, 울산, 대구, 대전, 광주, 진주, 영주, 청주, 세종, 안성, 시흥, 서울, 제주, 동대구, 이천, 천안, 익산 하치장을 통해 판매하고 있으며, 철근 수요자의 50% 이상은 유통상이며 나머지는 관급 및 건설업체입니다.

자료 : 한국철강 2017년 1분기보고서

마. 주요매출처

당사의 주요 매출처는 대림산업(주), 동산에스엔알(주), (주)새한철강이며 각 매출처의 비율은 매출액 대비 각각 5.94%, 3.89%, 3.65%입니다. 주요 매출처는 중요성의 관점에서 내수 및 내수로컬 매출액 중 큰 부분을 차지하는 거래처를 표시했습니다.

자료 : 한국철강 2017년 1분기보고서

요약 철근의 주요 매출처는 유통회사이며 건설업체에도 직접 공급하기도 한다. 단조강은 조선사, 석유화학 플랜트 업체 등이 매출처다.

〈4-4〉 한국철강의 시장점유율 (단위 : %)

구분	제10기 1분기	제9기	제8기
철근	9.2	10.1	10.6

※위 자료는 내수시장점유율이며, 스틸데일리의 자료를 인용해 작성했습니다.
※기타 제품은 시장점유율이 미미해 반영하지 않았습니다.
자료 : 한국철강 2017년 1분기보고서

1분기보고서 사업 내용에서 시장점유율만 있고 경쟁사의 이름은 없다. 그냥 시장점유율만 알고 넘어간다. 1분기에 9.2% 2016년, 2015년 모두 10% 수준이었다. 분기는 계절적 요인이 있을 수 있어 10%로 보면 된다.

요약 한국철강의 철근시장 점유율은 10% 수준이다.

체크리스트5 : 판매단가와 원자재 가격추이

〈4-5〉 판매단가 (단위 : 원/ton)

부문	품목		제10기 1분기	제9기	제8기
철강	철근	내수	582,547	519,078	542,157
	단조강	내수	1,421,423	1,512,511	1,729,666
		수출	1,932,181	2,047,491	2,397,681

자료 : 한국철강 2017년 1분기보고서

〈4-6〉원자재 가격추이 (단위 : 원/ton)

부문	품목		제10기 1분기	제9기	제8기
철강	고철	국내	319,218	253,286	244,155
		수입	304,318	245,671	259,436
	M/B 고철	국내, 수입	336,549	275,539	280,605

*자료 : 한국철강 2017년 1분기보고서

판매단가와 원자재 가격추이에서 매출 비중이 큰 철근의 경우를 본다. 철근 판매 가격은 2016년 말 대비 2017년 1분기에 12.2% 상승했다. 이에 비해 국내 고철 가격은 같은 기간에 26.0% 급등했다. 참고로 원자재 중에서 국내 고철 비중이 78%다(1분기보고서 참조).

요약 2017년 1분기에 원자재인 국내 고철 가격이 26.0% 올랐는데 철근 판매단가는 12.2% 상승하는 데 그쳤다.

개념정리 : 소재산업의 원자재 가격

철강, 제지, 석유화학 등 소재산업의 제품 가격은 원자재 가격의 영향을 크게 받는다. 철강은 철광석과 고철가격, 제지는 펄프가격과 고지가격 그리고 석유화학은 유가 영향이 크다. 이들 제품의 제조원가에서 원자재 가격 비중이 높기 때문에 그렇다.

체크리스트6 : 설비 투자

당사는 창원과 증평에 2개의 공장이 있는데, 신규 증설은 없다.

요약 증설 등 신규 설비 투자가 없다.

체크리스트7 : 신제품과 신규사업

요약 신제품이나 신규사업은 없다.

체크리스트8 : 계열회사

요약 지배회사의 손익에 영향을 주는 종속회사나 관계회사가 없다.

사업의 내용 요약해보기

체크리스트 1~8을 통해 한국철강이 어떤 회사라는 것을 알게 되었다. 이제 체크리스트마다 끝에 있는 요약 부분에 접속사를 넣어 연결시켜본다.

한국철강의 매출비중은 철강과 단조강이 각각 85%와 12%다. 수출은 미미하며 전형적인 내수기업이다. 철근의 주요 매출처는 유통회사이며 건설업체에도 직접 공급하기도 한다. 단조강은 조선사, 석유화학 플랜트 업체 등이 매출처다.

　동사의 철근시장 점유율은 10% 수준이다. 2017년 1분기에 원자재인 국내 고철가격이 26.0% 올랐는데 철근 판매단가는 12.2% 상승하는 데 그쳤다. 증설 등 신규 설비 투자가 없고 신제품이나 신규사업 또한 없다. 그리고 당사(지배회사) 손익에 영향을 주는 종속회사나 관계회사가 없다.

투자 꿀팁 4) 국내경기와 코스피 상관관계 높지 않다

증권 애널리스트들 가운데 상당수가 증시전망을 하면서 경기가 주요 변수인 것처럼 설명한다. 여기서 경기는 국내경기를 말한다. 틀린 말은 아니나 오류가 있다.

내수경기가 위축되었는데 백화점을 비롯한 유통관련주의 주가가 좋을 이유가 없다. 또한 국내경기가 아주 위축되었다면 경기부양을 위해 금리를 내릴 것이다. 반대로 국내경기가 너무 좋아 인플레 우려가 있다면 금리를 올릴 것이다. 주가는 금리에 아주 민감해 이런 측면에서 국내경기가 주가에 영향을 준다.

그러나 한국경제의 근 절반이 수출이다. 아랫목이 따뜻해야 윗목에도 온기가 도는 것처럼 한국경제는 수출이 잘되어야 내수가 살아난다. 즉 국내경기의 진원지는 수출이다. 특히 코스피 상장기업의 근 70%가 수출관련기업이다. 수출기업의 성과는 국내경기보다는 수출환경인 글로벌 경기에 민감하다. 따라서 코스피는 수출환경, 즉 글로벌 경제의 움직임에 민감하다.

05 | 사례2 : 대웅제약(069620)

앞에서 서흥(008490)과 한국철강(104700)의 사업 내용을 파악하기 위해 8개의 체크리스트를 이용했다. 그런데 업종에 따라 체크리스트가 다를 수 있다. 서흥과 한국철강의 체크리스트 중에서 매출처, 경쟁사와 시장점유율 그리고 판매단가와 원자재 가격 추이 등은 제약, 건설, 은행 등의 사업 내용을 알기 위한 체크리스트로서 의미가 없다.

서흥과 한국철강은 일반 제조업에 속한다. 이제 일반 제조업이 아닌 다른 업종에 속하는 기업의 사업 내용을 파악하기 위한 체크리스트를 점검한다. 제약·바이오 업종에 속하는 대웅제약(069620)의 사례를 보자.

개념정리 : 제약·바이오 산업의 전문용어

제약/바이오 산업에서는 투자자가 알아야 할 전문 용어가 있다. 의약품을 크게 둘로 나누는데 합성화학 의약품과 바이오 의약품이다. 전통적인 의약품인 합성화학 의약품은 화학물질을 배합, 변형 등을 통해 만들어진 의약품이다. 반면 바이오 의약품은 세포 배양, 유전자 조작 등을 통해 약품을 만든다.

합성화학 의약품의 특허 기간이 만료된 오리지날 의약품을 모방해 만든 약품을 복제 의약품 또는 제네릭(Generic) 의약품이라 하고 그냥 제네릭이라고도 한다. 제네릭은 효능은 같으나 가격이 싸다. 바이오 의약품의 제네릭을 바이오시밀러(Biosimilar)라 한다. 한국 제약회사들이 집중하고 있는 분야가 제네릭 의약품 개발이다.

신약을 시판하기 전에 임상 단계를 거쳐야 한다. 임상 1상은 정상인을 대상으로 신약의 독성 등을 체크하며 임상 2상은 환자를 대상으로 신약의 부작용을 점검한다. 임상 3상은 임상 2상의 환자 수보다 많은 환자를 대상으로 한다. 임상 3상 이후 한국에서는 식약청, 미국은 FDA의 승인을 받아 시판한다.

체크리스트1 : 매출구성

서흥(008490)은 전체 매출의 90%가 캡슐인데 하드캡슐, 의약품 그리고 건강기능식품용 캡슐이다. 한국철강(104700)의 경우 전체 매출의 85%가 철근 그리고 12%가 단조강이다. 이처럼 두 회사의 제품 수는 한정되어 있다. 따라서 전체 매출을 추정할 때 이들 몇 가지 제품의 매출을 추정하면 된다. 일반 제조업에 속한 다른 기업의 경우도 마찬가지다.

그러나 제약회사의 경우 판매하는 약품의 종류가 수십 개에서 수백 개에 이른다(바이오 약품 회사 제외). 따라서 일반 제조업의 체크리스트와 다르다. 상당수 회사의 상위 5~10개 제품의 매출액이 전체의 20%에도 미치지 못하는 경우가 일반적이다. 신풍제약(019170)의 매출액 최상위 품목은 관절기능 개선제인 '하이알주'인데 전체 매출액의 4.73%를 차지하고 상위 5개 품목이 전체 매출액의 14%(2017년 1분기 기준)에 불과하다.

대웅제약의 사업 내용을 알기 위한 체크리스트 1은 일반 제조업의 경우와 마찬가지로 매출구성이다. 대웅제약의 2017년 반기보고서의 목차에서 'Ⅱ 사업의 내용'으로 들어간다.

〈5-1〉 품목별 매출비중

(단위 : 백만 원, %)

매출유형	품 목	구체적용도	주요상표등	매출액	비율
제품	우루사	피로회복, 간장해독	복합우루사, 우루사	39,600	9.26
	알비스	위염, 위궤양	알비스정, 알비스D정	31,602	7.39
	올메텍	고혈압치료제(ARB)	올메텍정, 올메텍 PLUS	13,858	3.24
	임팩타민	종합비타민	임팩타민파워정	11,298	2.64
	가스모틴	기능성소화제	가스모틴정, 가스모틴산	9,122	2.13
	기타	–	–	144,494	33.78
상품	크레스토	고혈압치료제	세비카, 세비카 HCT	33,105	7.74%
	세비카	고지혈증치료제	크레스토정	32,220	7.53
	넥시움	위염, 위궤양	넥시움정, 넥시움주	18,367	4.29
	기타	–	–	94,081	21.99
합계				427,748	100.00

자료 : 대웅제약 2017년 반기보고서

　간장 해독제인 우루사와 위염(위궤양) 치료제인 알비스 두 품목의 매출 비중이 16%를 넘고 고혈압 치료제인 크레스토와 고지혈증 치료제인 세비카 두 품목이 15%를 넘는다. 즉 4가지 품목이 전체 매출에서 차지하는 비중이 31%를 넘는다. 상위 8가지 약품의 매출 비중이 44%로 대형 품목 위주의 제약회사다.

요약 우루사 등 상위 8개 품목이 전체 매출의 44%를 차지한다.

개념정리 : 코프로모션

매출유형에서 제품과 상품이 있는데 제품은 말 그대로 회사가 생산한 약품이다. 대부분 약품의 경우 원료는 다국적 제약회사에서 들여온다. 반면 상품은 다른 회사(대부분 다국적 제약회사)가 생산한 완제 의약품을 판매하는 경우다.

이는 비단 제약회사에만 해당되지 않는다. 일반 제조업에서도 타사가 만든 제품을 판매만 하는 경우가 있다. 이를 제품과 구별해 상품이라 하는데 통상 상품의 마진은 제품의 그것보다 박하다.

제약 업계에서는 상품 판매를 코프로모션(Co-promotion)이라 한다. 대웅제약의 크레스토가 코프로모션 상품이다. 대웅제약은 다국적 제약회사인 아스트라제네카의 한국 법인과 2016년 4월 1일부터 크레스토 공동판매 계약을 맺고 판매에 들어갔는데 2016년 8개월에 422억 원, 2017년 반기에 331억 원을 판매해 블록버스터가 되었다.

체크리스트2 : 수출 비중

제약업은 전통적인 내수산업이었다. 그러나 국내 내수시장의 한계를 극복하기 위해 수출에 힘써 제약회사의 수출 비중이 꾸준히 늘어나고 있다. 휴젤(145020)과 같은 바이오 제약회사는 매출의 60% 이상(2017년 반기 기준)이 수출이다. 대웅제약의 경우 2017년 반기 전체 매출이 4,277억 원이었는데 수출이 513억 원으로 12.0%를 차지했다.

〈5-2〉 수출 비중

(단위 : 백만 원)

사업부문	매출유형	품목		제16기 반기	제15기	제14기
의약품 제조 및 판매	제품	우루사 (ETC. OTC)	수출	4,602	9,561	5,075
			내수	34,998	61,724	56,386
			합계	39,600	71,285	61,461
		알비스	수출	417	1,906	956
			내수	31,184	63,244	61,115
			합계	31,602	65,151	62,071
		올메텍/ 올메텍PLUS	수출	-	-	-
			내수	13,858	29,880	31,889
			합계	13,858	29,880	31,889
		임펙타민	수출	-	-	-
			내수	11,298	20,794	18,650
			합계	11,298	20,794	18,650
		가스모틴	수출	-	-	-
			내수	9,122	19,346	19,871
			합계	9,122	19,346	19,871
		기타	수출	8,518	25,939	21,325
			내수	135,976	250,741	281,318
			합계	144,494	276,680	302,643
	상품	크레스토	수출	-	-	-
			내수	33,105	42,281	
			합계	33,105	42,281	
		세비카/ 세비카HCT	수출	-	-	-
			내수	32,220	59,938	61,221
			합계	32,220	59,938	61,221
		넥시움	수출	-	-	-
			내수	18,367	37,988	41,164
			합계	18,367	37,988	41,164
		기타	수출	37,793	58,213	38,927
			내수	56,288	112,453	162,620
			합계	94,081	170,666	201,547
합계			수출	51,330	95,620	66,283
			내수	376,417	698,390	734,234
			합계	427,748	794,010	800,517

자료 : 대웅제약 2017년 반기보고서

요약 수출 비중은 12.0%다.

체크리스트3 : 신약 개발

2016년 4월 셀트리온(068270)은 미국 식품의약국(FDA)로부터 램시마 판매 승인을 받았다. 램시마는 다국적 제약사인 '존슨 앤 존슨'의 오리지날 약품인 레미케이드(Remicade)를 복제한 바이오시밀러다.

셀트리온은 2012년 7월 한국식약청(KFDS)에서 판매 승인을 받았고 2013년 8월 유럽의약국(EMA) 승인을 받은 후 2년 7개월 만에 미국에서 판매할 수 있는 길이 열렸다. 이후 회사의 매출과 이익이 급증했고 주가 또한 급등했다.

신약 개발은 제약회사 사업의 내용을 알고자 할 때 가장 중요한 체크리스트다. 셀트리온의 경우처럼 신약 개발의 성공 여부는 회사의 손익에 절대적인 영향을 주며 주가에 미치는 영향은 이루 말할 수 없기 때문이다.

셀트리온의 램시마의 경우 2016년 8월 12일 공시한 반기보고서(2016년 1~6월 실적)에서 2016년 4월 5일 미국 FDA에서 최종 승인을 받았다고 했다. 그런데 2016년 4월 6일에 셀트리온은 자율공시를 통해 미국 FDA로부터 승인 받았다고 이미 공시했다. 만일 투자자가 자율공시 사실을 모르고 사업보고서를 참조했다면 시기적으로 너무 늦는 정보가 된다.

또한 〈5-3〉 대웅제약 연구개발 프로젝트에서 보는 바와 같이 의약품 개발의 비전문가인 투자자가 이해할 수 없는 내용이며 더욱이 그 내용 또한 구체적이지 않다.

〈5-3〉 대웅제약 연구개발 프로젝트

8. 제네릭 과제(총 10품목, 13건 지행중)

　① 생동(총 3품목) − 뇌기능 개선제, 부정맥, 구토
　② 제제연구(총 7품목, 10건 진행중)
　　　− 천식/COPD 치료제
　　　− 영양 보충 제제
　　　− 항바이러스제 치료제
　　　− 백혈병 치료제
　　　− 색전증 예방 치료제
　　　− 류마티스관절염 치료제
　　　− 과민성방광염 치료제

자료 : 대웅제약 2017년 반기보고서

신약 개발과 관련해 사업보고서에서 얻을 수 있는 정보는 아주 제한적이거나 없다. 따라서 신약 개발 관련 정보는 사업보고서가 아니라 애널 리포트를 참고해야 한다.

제약주 투자 리스크

업종 가릴 것 없이 주식 투자 리스크가 크지만 특히 신약 개발 관련 제약주의 경우가 그렇다. 신약 개발이 성공하느냐 못하느냐는 회사의 CEO도 잘 모른다는 이야기가 있을 정도로 예측하기 어렵다.

2015년 11월 한미약품(128940)은 당뇨 및 비만치료 바이오 신약인 랩스커버리(Lapscovery)를 다국적 제약회사인 얀센에 8억 달러(1조 원 정도)를 받고 기술 수출한다고 발표했다. 주가는 고공행진했다. 2015년 10월에 30만 원 수준이던 주가가 불과 한 달이 지난 11월에 80만 원을 넘었다.

그러나 2016년 들어 얀센의 임상이 지연되고 12월에 랩스커버리의 임상 연기 및 일시 중단 발표가 나오면서 주가는 내려 앉았다. 2015년 말 60만 원 수준에서 2016년 12월 26만 원 수준까지 떨어졌다.

코오롱생명과학(102940)의 무릎관절염 치료제인 인보사(Invossa)가 2017년 7월 식약청의 판매 허가를 받았다. 인보사는 유전자 치료제로서는 국내에서 첫 번째로 허가 받은 신약이었다. 주가는 7월 이전 급등해 19만 원을 넘었다. 그러나 연골재생 효과가 있다던 인보사가 무릎 통증의 기능 개선 효과만 있다고 알려지면서 주가는 한 달 사이에 13만 원 수준으로 떨어졌다.

체크리스트4 : 계열회사

계열회사 즉 종속회사와 관계회사 현황은 'Ⅱ 사업의 내용'에서 처음에 나오는 항목인 '사업의 개요'에서도 언급된다. 그러나 여기보다는 'Ⅸ 계열회사 등에 관한 사항'으로 들어가 '타법인 출자현황'을 보면 이해하기 쉽다.

〈5-4〉타법인 출자현황

(단위 : %, 천 원)

법인명	기말잔액			최근사업연도 재무현황	
	수량	지분율	장부가액	총자산	당기 순손익
한올바이오파마㈜(상장)	15,500,000	30	104,020,000	124,696,071	2,057,399
힐리언스(비상장)	-	76	24,196,000	29,769,384	-2,679,428
Daewoong Pharma PHILIPPINES, INC.(비상장)	-	100	260,539	3,546,422	139,021
Daewoong Pharmaceutical(Thailand)Co.,Ltd(비상장)	-	100	205,389	3,897,623	-397,418
PT. DAEWOONG PHARMACEUTICAL, COMPANY INDONESIA(비상장)	-	100	7,812,111	8,955,933	-191,945
DAEWOONG PHARMACEUTICAL HONGKONG(비상장)	269,255,424	90	37,809,184	46,666,357	-11,450
북경대웅위업의약과기유한공사(비상장)	-	100	6,036,200	2,296,881	-2,853,688
바이오시네틱스(비상장)	64,500	21	819,086	3,458,394	-899,515
이피피미디어(비상장)	100,000	20	-	11,255,380	-2,993,373
엠디웰아이엔씨(비상장)	100,000	50	500,000	5,011,799	520,940
Daewoong America, Inc.(비상장)	-	100	83,286	208,755	-34,590
Daewoong Pharmaceutical India Pvt.,Ltd(비상장)	-	100	185,074	31,038	104,191
DAEWOONG PHARMACEUTICAL JAPAN CO.,LTD	1,100	100	555,621	-	-
진켐(비상장)	41,932	3	114,516	4,460,901	-493,614
바이오넷(비상장)	37,245	6	511,705	36,496,050	598,936

자료 : 대웅제약 2017년 반기보고서

　　여기서 지분율과 당기순손익에 주목한다. 대웅제약의 2017년 연결 기준 반기순이익은 129억 원, 2016년 연간 순이익이 261억 원이었다. 한올바이오파마㈜는 순이익 20억 원에 지분율 30%는 연간 6억 원이다. 힐리언스는 27억 원 적자에 76% 지분을 보유하고 있어 마이너스 20억 원이다. 힐리언스는 연구 사업을 하는 법인이다.

북경법인의 손실이 큰데, 마이너스 28억 원 수준이다. 연구 법인이나 북경 자회사는 독자적으로 영업을 하지 않는다. 이피피미디어는 마이너스 30억 원의 20%로 마이너스 6억 원 정도다.

따라서 계열회사의 손익이 모회사인 대웅제약에 미치는 영향은 그리 크지 않다. 따라서 이들 계열회사를 무시하고 오로지 대웅제약에만 초점을 맞추면 된다.

요약 지배회사의 손익에 영향을 주는 종속회사나 관계회사가 없다.

사업의 내용 요약해보기

체크리스트 1~4의 끝에 있는 요약 부분에 접속사를 넣어 연결시켜 대웅제약 사업의 내용을 요약해본다.

우루사 등 상위 8개 품목이 전체 매출의 44%를 차지하고 수출 비중은 12.0%다. 지배회사의 손익에 영향을 주는 종속회사나 관계회사가 없다.

대웅제약 사업의 내용 요약이 주는 정보는 서흥과 한국철강과는 달리 제한적이다. 이는 금융감독원이 사업보고서에 담을 내용을 일반 제조업을 기준으로 하기 때문이다. 그런데 제약회사 중에서 셀트리온(068270) 등과 같은 바이오 회사처럼 판매 약품의 종류가 몇 개에 불과한 경우는 일반 제조업의 체크리스트를 이용해 사업의 내용을 요약한다. 서흥의 경우와 마찬가지다.

사업보고서를 보는 습관을 가져야 한다

제약 업종, 금융 업종, 지주회사 그리고 일부 서비스 업종의 경우 대웅제약의 경우와 같이 사업보고서가 주는 정보가 제한적이다. 이는 사업보고서에 기재해야 하는 항목이 일반 제조업을 중심으로 표준화되어 있기 때문이다.

이런 이유로 일부 독자는 이들 업종의 경우 사업보고서를 생략하고 싶을 것이다. 특히 증권회사의 홈트레이딩 시스템과 일부 증권 사이트의 종목 정보에서 종목(기업)의 개요뿐 아니라 재무내용도 소개하고 있어 이를 참고하면 되지 않겠는가 하는 생각을 갖게 될 것이다. 그러나 사업보고서를 보고 자신이 직접 종목(기업)의 사업의 내용을 알아보면 종목에 대한 이해도가 올라가기 때문에 사업보고서를 읽는 습관을 가져야 한다.

그리고 종목의 내용을 사업보고서를 통해 알아보는 이유는 애널 리포트를 검증하기 위함이다. 그런데 애널 리포트에는 앞에서 언급한 사이트의 재무내용보다 업데이트된 수익추정과 밸류에이션 지표가 있어 여기서 보면 된다. 체크리스트 중에서 재무내용과 관련된 것이 없는 이유는 애널 리포트의 그것을 참고하려 하기 때문이다.

환율은 두 나라 화폐의 교환비율이다. 그런데 미국 달러는 기축통화 역할을 함에 따라 달러 가치를 주요 통화바스켓을 통해 나타내기도 한다. 바스켓에는 유로(비중 : 57.6%), 엔(13.6%), 파운드(11.9%), 캐나다 달러(CAD : 9.1%), 스웨덴 크로네(SEK : 4.2%) 그리고 스위스 프랑(CHF : 3.6%)으로 구성되어 있다. US 달러지수(USDX)를 DXY로 표시한다.

그런데 달러지수에 포함되는 통화와 비중의 경우 미국과 교역비중이 큰 중국과 한국이 포함되지 않았다. 이런 문제점을 해결하기 위해 1998년 연방준비제도(FED)는 26개 통화를 바스켓으로 하는 달러지수를 사용하고 있다. 그런데 DXY와 새로운 달러지수의 지수 차이가 크지 않아 금융시장에서는 DXY를 그냥 사용한다.

이 지수는 1973년 3월에 100으로 시작했다. 이 지수가 110이면 달러가치가 10% 절상이며 90이면 10% 절하되었음을 나타낸다. 라틴아메리카 채무 위기가 최고조에 달했던 1985년 초 지수가 160을 넘어 역사적인 최고치를 기록했다. 1982년 8월 멕시코가 채무불이행을 선언한 이후 대부분의 라틴아메리카 국가들이 금융위기를 겪었다. IMF는 라틴아메리카 16개국에 채무를 조정했다.

이후 달러 가치는 하락하기 시작했다. 1985년 9월 플라자 합의로 달러 가치를 하락시키기로 미국, 일본, 독일, 영국 그리고 프랑스가 합의하면서 달러지수는 크게 하락했다. 달러지수의 역사적 최저치는 70으로 2008년 3월에 기록했는데 그해 9월 증권투자회사인 리만이 파산했다. 이후 미국 경기가 회복되면서 달러지수도 올랐다.

달러지수는 증권회사 홈트레이딩 시스템 및 국내 주요 금융 사이트에서 검색할 수 있다. 달러 대비 원화의 움직임이 원화 요인에 의해 움직이기도 하지만 달러화 요인, 즉 달러지수의 등락에 따라 변한다.

원화 환율은 주식 시장에 미치는 영향이 크다. 환율이 향후 어떨까 생각할 때 달러지수의 추세를 확인한 후 원화 요인, 즉 국내 금리 등 경제 펀더멘털을 판단해야 한다.

건설회사의 사업 내용도 제약회사의 경우와 마찬가지로 일반 제조업과 다르다. 따라서 사업보고서의 'Ⅱ 사업의 내용'을 알아보기 위한 체크리스트가 다르다. 현대산업(012630)의 사례를 보자. 2017년 8월 11일 제출된 2017년 반기보고서의 'Ⅱ 사업의 내용'으로 들어간다.

체크리스트1 : 매출구성

〈6-1〉의 건설부문에서 일반건축은 상업용 건물 등 공사이고 토목은 관급공사다. 외주주택은 도급받아 주택을 건설하는 부문이고 자체공사는 회사가 보유한 토지에 주택을 건설해 분양하는 사업이다.

외주주택과 자체공사가 57%를 차지해 소계 71.5%를 100으로 환산하면 79.7%를 차지한다. 즉 현대산업은 주택(아파트)전문 건설회사다.

요약 전체 매출의 80% 정도가 아파트 공사로 주택전문 건설회사다.

〈6-1〉 현대산업 매출구성

사업부문	주요 제품 등	제41기 반기	
		매출액	비 율
건 설	일반건축	224,995	8.4%
	토 목	165,999	6.2%
	외주주택 등	991,537	36.8%
	자체공사	543,675	20.2%
	소 계	1,926,206	71.5%
유 화	화학 제조, 판매	450,731	16.7%
악 기	피아노 등 악기 제조 및 판매	33,194	1.2%
유 통	백화점, 임대, 유통 등	72,679	2.7%
기 타	건물관리, 호텔업, 프로축구 흥행업 등	211,114	7.8%
합 계		2,693,924	100.0%

자료 : 현대산업 2017년 반기보고서

체크리스트2 : 수출

사업의 내용에서 수출에 관해 언급이 없다. 그러나 건설의 사업부문을 볼 때 해외공사는 없다는 사실을 알 수 있다. 즉 모두 국내공사이어서 수출은 없다.

요약 전형적인 내수기업이다.

체크리스트3 : 수주잔고

건설업은 수주 산업으로 고객으로부터 주문을 받아 일정기간 동안 공사해 완공한다. 매출액은 공사의 진척도를 기준으로 산정한다. 건설회사의 사업의 내용을 알아보기 위해 수주잔고를 따지는 이유는 수주잔고가 회사의 향후 손익을 추정하는 중요한 지표가 되기 때문이다.

예를 들어 연간 매출액이 1조 원이 되는 건설회사의 수주잔고가 1조 5,000억 원이라고 가정하자. 이 회사는 1년 반이 지나면 일감이 없어진다. 그러면 수주에 적극적으로 나설 수밖에 없고 경우에 따라 손실이 날 수 있는 공사도 수주하게 된다. 향후 손익이 악화되는 요인이 될 수 있다.

반면 수주잔고가 5조 원이라 하면 5년 치 일감이 있다는 말이다. 회사는 손실이 날 가능성이 있는 수주를 회피해 선별적 수주를 함으로써 향후 손익이 호조를 보일 것이다. 건축물에 따라 공사기간이 다르지만 주택단지, 플랜트 등 대규모 공사는 3~4년 걸린다. 따라서 최소한 연간 매출액의 3~4배 이상의 수주잔고가 있어야 정상적인 수주활동을 할 수 있다.

〈6-2〉 상위 5대 수주현황 (2017년 6월말 기준)

공사명	도급액(억 원)	계약잔액(억 원)
이문3구역 재개발	7,312	7,312
둔촌주공 재건축	6,677	6,677
개포주공1단지 재건축	5,302	5,302
광주학동4구역 재개발	4,293	4,293
부산대연3구역 재개발	3,693	3,693
수주총액 및 잔고	184,823	139,945

자료 : 현대산업 2017년 반기보고서

2017년 6월말 기준 민간공사와 관급공사를 합한 계약잔액, 즉 수주잔고는 14조 원 수준이다. 2016년 매출액(건설) 3조 5,000억 원을 감안하면 수주잔고가 매출액의 4배 정도가 된다. 그리고 수주 기준 상위의 공사는 재건축과 재개발이다.

요약 수주잔고가 매출액의 4배이며, 아파트 재개발(재건축) 사업이 수주의 주류를 이룬다.

체크리스트4 : 계열회사

계열회사에 대해 알아보려면 사업보고서 목차에서 'Ⅸ 계열회사 등에 관한 사항'으로 들어가 '타법인 출자현황'을 본다. 현대산업(지배회사)의 계열회사는 많다. 이들 가운데 지배회사 손익에 큰 비중을 차지하는 계열회사에만 초점을 맞추면 된다.

'타법인 출자현황'에는 최초취득금액, 기초잔액, 기말잔액 등 항목이 여럿 있으나 기말잔액의 지분율과 당기순손익만 체크한다. 여기서 당기란 지난 사업기다. 〈6-3〉의 당기순손익은 2016년 연간 수치다.

〈6-3〉 주요 계열회사

법인명	지분율(%)	당기순이익(억 원)
현대EP	46	338
영창뮤직	88	-191
삼양식품	17	178
HDC신라면세점	25	-194

자료 : 현대산업 2017년 반기보고서

2016년(40기) 현대산업의 당기순이익이 2,772억 원이었다. 〈6-3〉은 현대산업의 2016년 당기순이익 2,772억 원을 감안해 계열회사의 당기순손익이 비교적 큰 계열회사만 뽑았다. 그런데 여기에서도 삼양식품의 경우 낮은 지분율을 감안하면 주요 계열회사라고 볼 수 없다. HDC신라면세점의 경우도 같다. 그러나 현대EP와 영창뮤직은 지배회사의 손익에 영향이 크다.

요약 계열회사로서 석유화학 회사인 현대EP와 피아노를 비롯한 악기 제조업체인 영창뮤직이 있다.

사업의 내용 요약해보기

체크리스트 1~4의 끝에 있는 요약 부분에 접속사를 넣어 연결시켜 현대산업의 사업의 내용을 요약해본다.

전체 매출의 80% 정도가 아파트 공사로 주택전문 건설회사이며 수출은 없다. 수주잔고가 매출액의 4배이며 아파트 재개발(재건축) 사업이 수주의 주류를 이룬다. 계열회사로서 석유화학 회사인 현대EP와 피아노를 비롯한 악기 제조업체인 영창뮤직이 있다.

대웅제약의 경우처럼 현대산업의 경우도 일반 제조업체와는 달리 사업보고서가 주는 사업의 내용 정보가 제한적이다.

 건설회사의 원가율

손익계산서의 주요 계정과목은 매출액, 매출원가, 매출총이익, 판매비와 관리비, 영업이익, 당기순이익이다. 여기서 매출원가는 자재비, 노무비 그리고 경비다. 현대산업의 2017년 상반기 매출액과 매출원가는 8,900억 원과 1조 5,600억 원이었다. 원가율은 매출원가/매출액×100(%)으로 계산하는데, 현대산업의 2017년 상반기 원가율은 82.5%였다.

화장품 회사인 아모레퍼시픽(090430)의 2017년 상반기 매출액과 매출원가는 2조 300억 원과 5,800억 원이었다. 아모레퍼시픽의 2017년 상반기 원가율은 28.5%(5,800/20,300×100)였다.

건설회사의 손익을 따질 때 원가율을 보는 이유가 여기에 있다. 화장품 회사는 제품을 만든 후 엄청난 비용을 들여 광고하는 등 판매비가 많이 들어간다. 그러나 건설업은 공사하는 데 대부분의 비용이 들어가기 때문에 원가율이 높다. 건설회사가 일감이 모자라 수주를 무리하게 되면 그 공사의 원가율이 크게 올라 전체 손익에 부정적인 영향을 준다.

GS건설(006360)의 2013년 매출액은 7조 8,600억 원이었는데 매출원가가 8조 4,400억 원으로 원가율이 100%를 넘었다. 부실수주가 원인이었다. 이런 경우가 GS건설의 이야기만 아니다. 건설회사는 건설경기가 악화되었을 때 최소한 손실만 나지 않는다면 수주하는 경향이 있다.

외환시장에서 공식적으로 정부가 개입해 환율을 인위적으로 조정하기로 한 역사적인 사건이 플라자 합의다. 1980~1985년 달러는 높은 금리 덕분에 엔, 마르크, 프랑화, 파운드화에 대해 약 50% 절상되었다. 당시 미국은 높은 인플레이션을 치유하기 위해 금리를 대폭 인상했다. 달러 강세는 미국의 무역적자 폭을 확대했다. 플라자 합의 전 미국의 경상적자가 GDP의 3.5%까지 상승했다.

달러 강세로 미국의 수출산업이 크게 타격을 받았다. 또한, 내수의 경우도 그랬는데 자동차 업계는 일본 자동차의 점유율 확대로 크게 고전했다. 미국의 자동차 업계를 필두로 수출업계에서 미국 의회를 설득해 의회는 보호무역법안을 내놓았는데, 행정부도 이에 가세해 엔화와 마르크화 강세를 합의하게 되었다.

일부에서는 플라자 합의가 일본의 잃어버린 10년의 원인이라고 주장한다. 플라자 합의에 의한 엔화 절상에 맞대응하기 위해 일본 중앙은행은 금리를 인하했다. 그런데 금리 인하가 엔화절상 속도를 늦추는 데 기여하지 못하고 주식 시장과 부동산 시장의 거품을 만들었다. 1985~1989년 주가와 도시지역 부동산 가격이 3배나 급등했다. 한편 엔은 1985년 9월 달러당 242엔에서 1986년에는 153엔으로 급락했다가 1988년에는 120엔까지 내려갔다.

버블이 붕괴하면서 일본경제는 10년간 살아나지 못했다. 이를 '잃어버린 10년'이라고 말하는데 이후에도 경기가 본격적으로 회복되지 못해 '잃어버린 20년'이 되었다. 나중에 일본은 강력한 대책인 아베노믹스를 통해 경기가 살아났다.

앞에서 제약과 건설업종에서 사업보고서가 주는 기업의 내용에 관한 정보가 제한적이라는 사실을 알았다. 그렇다 하더라도 독자는 사업보고서를 보고 직접 기업의 내용을 알아봐야 한다고 강조했다.

그런데 은행과 보험을 포함하는 금융업종의 경우는 사업보고서가 주는 기업의 내용을 개인 투자자가 이해하기 어렵다. 애널리스트 등 전문가는 그들의 전문지식을 활용해 중요한 정보를 사업보고서를 통해 얻는다. 그러나 개인 투자자인 독자는 금융회사의 사업보고서에서 기술하는 전문적인 용어를 이해할 수 없을 뿐 아니라 사업보고서를 통해 개별 기업의 내용을 이해할 실익이 크지 않다. 금융업에 속하는 개별 기업은 업무내용이 거의 같다. 예를 들어 KB금융(105560)과 기업은행(024110)의 사업의 내용이 크게 다르지 않다. 대부분의 은행의 주력 사업은 예금과 대출이다.

그런데 여기 '사례4 : 은행과 보험'에서 은행과 보험업종을 언급하는 이유는 이들 업종이 코스피에서 차지하는 비중이 크기 때문이다. 이들 업종의 사업의 내용이 복잡한 것처럼 보이지만, 수익구조를 이해하면 은행과 보험회사 투자에 큰 도움이 된다.

은행의 수익구조

은행은 자기자본과 예금을 바탕으로 대출을 한다. 또한, 일부 운영자금으로 대출 대신 유가증권에도 투자한다. 2017년 6월 말 우리은행 반기보고서에 따르면 우리은행(000030)의 대출금(외화 포함) 비중은 전체 운용자금의 72.5%를 차지했고 유가증권(해외 포함) 비중은 13.3%였다. 자금 운용을 하는 데 대출과 유가증권 투자가 85.8%였다. 이를 볼 때 은행 수익의 대부분이 대출과 투자 유가증권 이자에서 나온다고 할 수 있다.

① 대출액 증가율

대출액은 제조업의 매출액과 일맥상통한다고 할 수 있다. 따라서 대출액 증가율이 크면 은행의 이익도 커진다. 그런데 은행과 제조업의 근본적인 차이는 제조업의 경우 매출액 증가율 20~30% 또는 그 이상이 될 수 있으나 은행의 경우는 다르다. 대출이 예금, 즉 수신과 연계되기 때문이다. 우리은행의 원화대출액(평잔기준) 증가율을 보면 2014년, 2015년, 2016년 각각 8.0%, 9.3% 그리고 7.4%였다.

자료 : 우리은행 각 연도 사업보고서

그러나 은행의 대출액 증가율은 제조업보다 낮다 하더라도 은행 손익에 큰 영향을 미친다. 즉 대출액 증가율이 높으면 은행의 이익이 늘어나고 낮으면 줄어든다.

② NIM(순이자마진)

NIM(Net Interest Margin)을 알기 전에 예대마진부터 시작하자. 대출금리와 예금금리의 차이가 예대마진이다. 즉 대출금리가 연 4%이고 예금금리가 연 2%면 예대마진이 연 2%다. 만일 은행의 대출이 100조 원이면 대출에 의한 순이자수익은 연간으로 2조 원이 된다.

그런데 앞에서 언급한 바와 같이 대출 외에 유가증권에 투자해 자금을 운용한다. 유가증권에 표면금리가 있다. 만일 유가증권에 20조 원 투자하고 표면금리가 연간 1.2%라고 할 경우 연 순이자수익은 2,400억 원이 된다.

NIM, 즉 순이자마진은 대출과 유기증권 투자를 합쳐 마진을 계산한 것이다. 순이자마진이 커지면 은행의 이익이 늘어나고 반대로 작아지면 이익이 줄어든다. 통상 금리가 상승하면 NIM이 확대되고 반대로 하락하면 줄어든다. 금리 상승기에 은행주가 오르는 이유가 여기에 있다.

왜 금리가 오르면 NIM이 커지는가?

금리에는 단기금리와 장기금리가 있다. 정상적인 경우 장고단저(長高短低)라 해서 장기금리가 단기금리보다 높다. 이는 기간이 길수록 인플레와 디폴트 가능성이 커지기 때문이다. 은행의 예금은 대출에 비해 기간이 짧다. 은행의 예금과 대출의 가중평균기간, 즉 듀레이션(Duration)을 보면 대출이 예금보다 길다. 예를 들어 은행의 대출이자가 4%고 예금이자가 2%라면 대출이자가 예금이자보다 높은 것은 은행 마진 때문이지만, 본질적으로는 대출이 예금보다 기간이 더 길기 때문이다.

이제 한국은행이 기준금리를 올리면 은행의 예금금리와 대출금리에 영향을 준다. 만일 한은 기준금리가 0.5% 인상 또는 인하되었으면 단기금리보다 리스크가 큰 장기금리에 영향을 더 준다. 즉 예금 금리보다 대출금리에 영향을 더 준다는 말이다.

예를 들어 은행의 대출금리와 예금금리가 각각 4%와 2%라 하자. 한은 기준금리가 인상되어 대출금리가 0.5% 인상되면 예금금리는 0.25% 오른다. 당초 예대마진이 2%에서 금리 인상 후 2.25%(4.5%-2.25%) 2.25%로 확대된다.

반면 한은 기준금리가 인하되어 대출금리가 0.5% 인하되면 예금금리는 0.25% 떨어진다. 예대마진이 금리 인하 후 2%에서 1.75%(3.5%-1.75%)로 하락한다.

③ 대손충당금

은행의 대출금 가운데 회수하기 어려운 대출을 무수익여신이라 하는데 통상 NPL(Non-Performing Loan)이라 부른다. 대출의 건전성을 정상, 요주의, 고정, 회수의문 그리고 추정손실 등 5가지로 나누는데, 3개월 이상 연체한 고정부터 부실채권, 즉 NPL로 분류한다.

무수익여신이 발생하면 은행은 충당금을 쌓는데, 이를 대손충당금이라 한다. 충당금전입액을 대손상각비라 하는데 대손상각비가 커지면 당기순이익이 줄어든다.

〈7-1〉 우리은행 대손상각비   (금액 : 백만 원)

구 분		2017년 6월 (제184기 상반기)
충당금적립전이익(A)		1,821,627
제충당금전입액(B)		456,461
	대손상각비	346,283
	지급보증충당금	1,003
	퇴직급여	74,057
	미사용약정충당금	491
	기타충당금	34,626
제충당금환입액(C)		64,780
	대손충당금	12,306
	지급보증충당금	45,971
	미사용약정충당금	5,736
	기타충당금	767
법인세비용(D)		320,933
당기순이익(A-B+C-D)		1,109,014

자료 : 우리은행 2017년 상반기 사업보고서

〈7-1〉은 2017년 상반기 우리은행 충당금에 관한 사항이다. 충당금 적립전이익(A)은 운영자금 규모에 NIM을 곱해서 나온 순이자수익과 수수료 수입 등을 더한 수치에 일반관리비 등 비용항목을 공제한, 말 그대로 충당금을 감안하지 않은 은행의 이익이다.

대손상각비 이외 항목의 수치는 대손상각비에 비해 작다. 대기업 몇 군데가 부실해져 은행의 NPL이 급증하면 대손상각비가 충당금적립전 이익보다 커지는 경우가 있다. 그런 현상이 반복적으로 일어나면 은행 도 버티지 못한다.

한편 대손충당금적립률(%)이라는 용어가 있다. 이는 대손충당금을 고정이하여신으로 나눈 수치인데 우리은행의 2017년 상반기말 기준 그 비율이 85%였다. 이는 향후 발생할 손실 가능성의 85%까지 적립금 을 이미 쌓아두었다는 말이다.

앞에서 언급한 은행 수익구조의 3가지 핵심 개념을 이해하고 있으면 애널의 은행 리포트를 쉽게 이해할 수 있다.

보험회사의 수익구조

보험회사 수익구조는 보험 영업손익과 투자 영업이익으로 되어있다. 보험회사는 보험료를 받고 사고가 발생하면 보험금을 지급한다. 보험 금 지급액과 사업비가 수입보험료보다 커지면 그 사업기에 보험 영업 손실이 발생한다. 반대의 경우 보험 영업이익이 된다. 한편 수입보험료 누적 금액으로 대출을 하거나 부동산, 유가증권 등에 투자한다. 여기서 투자 영업이익이 발생한다.

보험 영업수익(A) : 수입(경과)보험료
보험 영업비용(B) : 지급보험금 + 사업비
투자 영업이익(C) : 자산운용수익
영업이익 = (A)−(B)+(C)

---

① 손해율

지급 보험금이 수입(경과)보험료에서 차지하는 비중이다. 〈7−2〉메리츠화재의 2017년 상반기 손해율은 80.8%로 지난 2년간 하락추세를 보이고 있다. 한편 〈7−3〉에서와 같이 아이엔지생명의 2017년(27기) 상반기 손해율은 71.7%로 2016년 상반기 대비 큰 폭으로 떨어졌다.

〈7−2〉메리츠화재 손익지표   (단위 : %)

구분	제97기 반기	제96기 연간	제95기 연간
손해율	80.8	82.9	84.6
사업비율	21.1	21.0	21.6
운용자산이익률	4.5	4.5	5.1

자료 : 메리츠화재 2017년 상반기보고서

〈7-3〉 아이엔지생명 손해율

(단위 : 백만 원, %)

구분	제27기 반기			제26기 반기		
	위험보험금	위험보험료	손해율	위험보험금	위험보험료	손해율
생존보험	4,615	7,893	58.47	5,376	8,185	65.69
사망보험	216,604	286,879	75.50	284,442	275,278	103.33
생사혼합보험	2,665	3,698	72.07	3,666	3,907	93.84
재보험	(54,720)	(62,560)	0.00	(52,562)	(57,059)	0.00
합계	169,164	235,910	71.71	240,923	230,311	104.61

자료 : 아이엔지생명 2017년 상반기보고서

② 합산비율

손해율과 사업비율을 합쳐 합산비율이라 한다. 사업비는 말 그대로 보험 모집원 등 보험 영업을 영위하기 위해 들어가는 비용이다. 사업비율은 수입(경과)보험료에서 사업비가 차지하는 비중이다. 〈7-2〉에서 메리츠화재의 2017년 상반기 사업비율은 21.1%다. 따라서 같은 기간 합산비율은 101.9%(80.8% + 21.1%)다. 합산비율이 100%를 넘으면 보험 영업에서 적자를 보였다는 의미다.

③ 투자 영업 : 운영자산이익률

2017년 상반기 메리츠화재의 운용자산수익률은 연율로 환산해 4.5%였다. 보험 영업에서의 적자를 투자 영업, 즉 자산운용 부문에서 투자수익으로 메꾸고 순이익을 낸다.

개념정리 : 연납화보험료(APE : Annualized Premium Equivalent)

보험료는 월납을 하는 경우와 일시불로 납입하는 경우가 있다. 10년이라는 기가을 정해 일시불로 1억 원을 납부하는 경우, 연간수입보험료는 1,000만 원이다. 또한, 월 100만 원을 납부하는 경우, 연간수입보험료는 1,200만 원이다. 연간 기준으로 수입보험료는 2,200만 원(1,000만 원+1,200만 원)인데, 이를 연납화보험료라 한다. 실제로 연간 수입보험료로 입금된 돈은 1억 1,200만 원(1억 원+1,200만 원)이다. 연납화보험료 증가율로 보험사의 성장성을 판단한다.

투자 꿀팁 7 ▸ 잉글랜드은행을 굴복시킨 조지 소로스

환율전쟁이 국가 사이의 환율 싸움인데 중앙은행과 개인 투자자 사이의 싸움도 있었다. 당시 외환시장의 큰 손인 조지 소로스(George Soros)와 잉글랜드은행 간의 환율전쟁 스토리를 소개한다.

1999년 유로존이 탄생하기 전인 1979년, 유럽 주요 국가들은 각국의 통화가치를 안정화하기 위해 ERM(European Exchange Rate Mechanism)을 출범시켰다. 그들 국가는 당시 높은 성장률에 경제가 안정적이었던 독일 마르크에 일정 환율로 고정화한 후 상하 2.5%의 범위에서 움직이도록 했다. 각국 중앙은행은 환율이 그 범위를 넘어서면 외환시장에 개입하든지 아니면 금리를 조정해 환율이 그 범위 내에 있도록 했다.

영국 경제는 1988년 1월에서 1990년 10월까지 물가가 10.9%까지 올랐다. 영국 정부는 고인플레에 대처하기 위해 다른 나라들보다는 늦었지만 1990년 10월 5일 ERM에 가입했다. 영국 정부는 독일처럼 안정적인 경제를 원했다. 한편 영국의 파운드는 6% 범위를 정했다.

그런데 독일 경제가 1990년 통일된 후 물가가 오르면서 중앙은행이 금리를 올리기 시작했다. 이렇게 되면 다른 ERM 나라들은 통화가치 안정을 위해 독일처럼 금리를 올려야 했다. 몇몇 국가들은 금리를 올려 통화가치를 유지했다.

그러나 영국은 극심한 불황 속에서 금리를 올릴 수 없었다. 당시 침체한 영국 경제를 고려할 때 파운드 가치가 고평가되어 있었다. 1992년 9월 15일 외환투자자로서 큰 손인 소로스는 엄청난 규모의 파운드를 공매도 했다. 파운드 가치가 크게 하락할 것으로 판단했다. 소로스와 다른 외환 투자자들의 매도 공세에 파운드는 당일 하한선인 6%에 가깝게 떨어졌다.

다음 날인 1992년 9월 16일(영국판 검은 수요일 : Black Wednesday), 잉글랜드은행은 파운드를 집중 매수해 환율을 올리려고 했다. 그러나 시장에서 파운드는 계속 하락했다. 그날 11시에 중앙은행은 파운드 환율을 올리기 위해 금리를 10%에서 12%로 인상했다. 그러나 파운드는 계속 하락했다. 같은 날 오후 2시 중앙은행은 금리를 15%로 올렸다. 그래도 시장에서는 파운드 매도가 계속되었다. 그날 파운드는 2.80 마르크에서 2.55마르크로 근 9%나 폭락했다. 소로스는 하루에 10억 달러를 벌었다.

이로 인해 잉글랜드은행은 무릎을 꿇었고 소로스는 금융계에서 유명인사가 되었다. 지금도 고령임에도 불구하고 헤지펀드 매니저로 유명하다.

⊙ 2단계_재무제표의 기본만 알고 넘어간다

이 책의 머리말에서 애널리스트는 회계의 전문가이고 독자인 투자자는 애널이 추정한 손익을 이해할 정도의 회계 지식만 가지면 된다고 했다. 그런데 어느 정도의 회계 지식을 가지면 애널의 수익추정을 충분히 이해할 수 있을지, 구분하기가 쉬운 일이 아니다.

애널은 수익추정을 할 때 재무제표의 계정과목에서 소항목까지 검토한다. 그러나 특별한 경우가 아니면 투자자가 소항목까지 들여다볼 필요는 없다. 여기에서는 재무제표의 큰 계정과목에 초점을 맞춘다. 또한 큰 계정과목 중에서도 애널 리포트를 이해하기 위한 핵심 개념에 국한한다.

08 영업이익이 핵심이다 : 손익계산서

애널리스트의 종목 리포트에서 손익추정표는 〈8-1〉처럼 정형화되어 있다. 매출액, 영업이익 그리고 순이익을 과거 데이터를 기준으로 미래를 추정한다. 2016년 LG전자(066570) 매출액과 영업이익이 각각 55조 3,000억 원과 1조 3,000억 원이었는데 2017년에는 매출액과 영업이익이 59조 2,000억 원과 2조 7,000억 원으로 될 것으로 예상한다는 것이다. 세로 항목을 이해하기 위해 손익계산서에 대해 알아본다.

⟨8-1⟩ LG전자(066570) 손익추정표

구분	2016	2017F	2018F	2019F
매출액(십억 원)	55,367	59,235	62,567	65,695
영업이익(십억 원)	1,338	2,694	3,356	3,613
순이익(십억 원)	77	2,212	2,284	2,431

손익계산서

⟨8-2⟩ 서흥 손익계산서

구분	제 45 기 반기	
	3개월	누적
매출액 (주19,27,29)	67,674,946,740	136,046,188,086
매출원가 (주19,24,27,29)	56,346,615,210	114,556,658,257
매출총이익	11,328,331,530	21,489,529,829
판매비와관리비 (주20,24)	4,230,053,474	8,081,926,165
연구개발비 (주10,24)	1,124,878,682	2,031,730,343
영업이익(손실)	5,973,399,374	11,375,873,321
관계기업투자이익 (주6)	0	1,285,200,000
금융수익 (주21)	517,863,743	645,632,149
금융비용 (주21)	919,903,372	3,287,791,285
기타이익 (주22)	229,483,753	596,082,665
기타손실 (주22)	130,715,167	281,306,534
법인세비용차감전순이익(손실)	5,670,128,331	10,333,690,316
법인세비용 (주23)	24,969,013	251,144,718
당기순이익(손실)	5,645,159,318	10,082,545,598

자료 : 서흥의 2017년 반기보고서

〈8-2〉 서홍의 손익계산서는 연결기준이 아닌 별도손익계산서다. 별도재무제표가 무엇이고 이를 어디에서 찾아보는지는 뒤로 미루고 계정과목에 대한 설명부터 시작한다.

매출액

일정기간, 즉 분기, 반기 또는 연간 기업이 제품을 판매한 금액의 합계다. 판매수량이 많거나 판매단가가 오르면 매출액이 늘고, 반대의 경우 매출액이 준다. 매출액이 줄어들면 해당 기업의 성장이 뒷걸음 한다는 의미다. 통상 매출액이 감소하면 매출액 감소 폭보다 이익 하락 폭이 훨씬 크다. 판매가 부진하더라도 노무비 등 비용을 크게 줄이지 못하기 때문이다.

제조업과 서비스업 대부분의 손익계산서 첫 계정과목의 이름이 매출액이다. 그러나 보험, 증권 등의 손익계산서에서는 매출액 대신 영업수익으로 한다. 은행의 손익계산서의 첫 계정과목은 영업이익이다.

(주19, 27, 29)는 매출액의 세부사항을 설명하는데, 주19는 매출액 중에서 상품매출액과 제품매출액을 구분했다. 여기서 (주)는 주석의 준말인데 계정항목을 부연 설명한 것이다.

매출원가

제품을 만들려면 원자재가 투입되고 이를 만들기 위한 인력이 배치되어 노무비가 지출된다. 이런 비용이 매출원가다. 소재업종의 매출원가율, 즉 매출액 대비 매출원가의 비율이 높다. POSCO(005490)의 2017년 상반기 매출원가율은 84.3%였다. 같은 기간 한솔제지(213500)의 매출원가율은 81.5%였다. POSCO와 한솔제지는 원자재인 철광석과 펄프(고지 포함)를 가공해 판매한다. 원자재 비중이 높다.

〈8-2〉에서 서흥의 매출원가율도 84.2%로 높았다. 한편 제약업체인 종근당(185750)은 같은 기간 60.0%의 매출원가율을 보였는데, 제약에서 원자재가 차지하는 비중이 낮기 때문이다.

매출총이익

매출액에서 매출원가를 빼면 매출총이익이 된다. 매출총이익률은 매출원가율의 반대 개념이다. 서흥의 매출원가율이 84.2%였는데, 이 경우 서흥의 매출총이익률은 15.8%(100-84.2)다.

판매비와 관리비

판매비와 관리비를 줄여 판관비라 한다. 제품제조에 필요한 인력에 대한 노무비는 매출원가에서 공제되고, 판매 등과 관련되는 인건비는 판매비와 관리비 항목에 들어간다. 운반비, 광고선전비, 감가상각 등이 판매비와 관리비 계정과목에 속한다.

판관비의 감가상각비는 주의를 요한다. 판관비에 나오는 감가상각비는 생산 활동과 직접 연관이 없는 사옥 등에 대한 감가상각비다. 서흥의 2017년 상반기 판관비의 감가상각비는 2억 1,000만 원에 불과했다. 그러나 같은 기간 현금흐름표의 감가상각비는 67억 5,000만 원으로 이는 생산에 직접 연관이 되는 공장, 기계설비 등과 사옥 등을 합친 감가상각비다.

현금흐름표에서의 감가상각비는 소계정과목이지만, 투자자가 알아야 할 개념이다. 영업이 잘되어 공장 증설을 하면 단기간 감가상각비가 급등해 이익은 줄어들지만 주가는 통상 하락하지 않는다.

영업이익

영업이익은 말 그대로 영업활동에서 얻어지는 이익이다. 영업이익이 마이너스이면 영업손실을 의미한다. 투자자가 가장 눈여겨봐야 하는 개념이다. 영업이익이 전년 동기 또는 전분(반)기보다 늘었는지 줄었는지 그리고 늘었으면 얼마나 늘었는지가 주가에 가장 큰 영향을 미친다.

필자는 펀드를 운용하면서 어떤 종목을 매수해야 할지 애널 리포트를 볼 때 가장 먼저 보는 것이 영업이익 증가율이었다.

손익계산서에서는 큰 항목 기준으로 매출총이익에서 판관비를 빼면 영업이익이 된다. 또는 매출액에서 매출원가와 판관비를 빼면 영업이익이다.

영업이익을 매출액으로 나누면 영업이익률이 된다. 중요한 개념이다. 영업이익률 증가는 주가에 아주 민감하게 작용한다. 영업이익률이 높은 기업은 부가가치가 높은 제품을 만들거나 서비스를 제공하는 회사다.

2017년 반기기준 중형 제약회사인 신풍제약(019170)의 영업이익률은 7.6%에 불과하나, 바이오시밀러 신약을 개발한 셀트리온(068270)의 영업이익률은 무려 51.4%나 되었다. 같은 기간 삼성전자(005930)의 영업이익률이 21.5%였고 미국의 애플(AAPL)의 1분기(2017년 4~6월) 영업이익률은 23.7%였다.

개념정리 : 조정영업이익

종목 리포트에 영업이익과 조정영업이익을 같이 표기하는 경우가 있다.

현재 한국이 사용하는 회계기준은 국제회계기준으로 통상 IFRS라 칭한다. 이는 2011년부터 채택되었는데 이전에는 기업회계기준, 즉 K-GAAP였다.

그런데 영업이익 아래에 있는 영업외수익과 비용의 소계정 과목을 IFRS에서는 기업의 현실에 맞게 적용하도록 했다. 예를 들어 GAAP에서는 자산처분이익이 영업이익 하단에 있는 영업외수익 항목에 계상되어야 하는데 IFRS에서는 회사가 임의로 영업이익에 포함되게 할 수 있도록 했다. 이렇듯 회사마다 회계처리가 달라 투자자에게 혼선을 가져왔다.

이런 이유로 기업정보 전문회사인 FnGuide가 기업마다 다른 방식으로 계산한 영업이익을 기업 간 비교가능성을 높이기 위해 FnGuide 방식(예전 GAAP 방식과 유사)으로 다시 계산한 영업이익을 조정영업이익이라 한다.

기타수익(이익)과 기타비용

영업이익에서 금융수익과 비용 그리고 기타수익과 비용을 차감하면 법인세차감전순이익(손실)이 된다. 이들 항목들은 영업과는 직접적인 연관이 없는 계정과목이다. 즉 영업이익 위의 항목과 아래 항목은 영업과 직접 연관이 있느냐 없느냐로 구분한다.

금융수익은 예금 등의 이자소득이 포함되고 대표적인 금융비용은 차입금에 대한 이자다. 〈8-2〉의 관계기업투자이익은 배당금 수익이다. 지분법이익도 관계기업투자이익 계정에 들어간다. 지분법에 대해서는 연결손익계산서에서 설명한다.

기타이익에는 임대료수입, 유형자산처분이익 등이 있고 기타비용에는 재고자산처분손실, 유형자산처분손실, 기부금 등이 있다.

당기순이익

영업이익에서 금융수익 비용 등을 차감한 후 법인세를 빼면 당기순이익이 나온다. 주가평가의 중요지표 가운데 하나인 1주당순이익은 당기순이익을 발행주식수로 나누는데, 이에 관해서는 다음에 나오는 연결손익계산서에서 설명한다.

포괄손익

2017년 6월 말 기준 삼성생명(032830)은 삼성전자 주식 10,622,814주를 보유했는데 지분율이 8.19%였다. 그런데 삼성전자 주가는 갤럭시 시리즈로 2017년 이전에도 크게 올랐는데 2017년 상반기에도 반도체 슈퍼사이클을 맞아 영업이익이 크게 늘어, 주가는 계속 강세를 보였다.

이로 인해 삼성생명이 보유하고 있는 삼성전자 주식의 2017년 상반기 중 평가차익이 무려 2조 7,000억 원 수준이었다. 〈8-3〉에서와 같이 반기순이익이 9,000억 원 수준임을 감안하면 평가차익 규모가 크긴 크다.

그런데 이 엄청난 평가차익은 실현되지 않아 당기순이익에 포함시킬 수 없다. 그러나 이 사실을 재무제표 어디에선가 표기해야 하는데, 손익계산서의 당기순이익 아래 포괄손익 계정에 표시한다. 물론 뒤에 언급하는 재무상태변동표의 자본계정에도 표시된다.

포괄손익은 삼성생명의 경우처럼 매도가능금융자산의 평가손익이 포함되고 토지의 재평가잉여금 또한 포괄손익에 들어간다. 당기순이익과 포괄손익을 합쳐 총포괄이익이 된다.

투자자는 당기순이익에 초점을 맞춘다. 다만 삼성생명처럼 보유지분에 의한 평가손익이 큰 경우 포괄손익에 관심을 가져야 한다. 삼성생명 주가는 삼성전자 주가가 오르면 같이 오른다.

〈8-3〉 삼성생명 포괄손익

(단위 : 백만 원)

Ⅷ.반기순이익	896,873
Ⅸ.법인세비용차감후기타포괄손익	2,760,439
1.후속적으로 당기손익으로 재분류될 수 있는 포괄손익	2,760,826
가.매도가능금융자산평가손익	2,743,503
나.만기보유금융자산평가손익	(102)
다.위험회피목적파생상품평가손익	(10,544)
라.관계 · 종속기업의기타포괄손익지분	26,895
마.특별계정기타포괄손익	1,074
2.당기손익으로 재분류되지 않는 포괄손익	(387)
가.순확정급여부채 재측정요소	(387)
X.반기총포괄이익	3,657,312
XI.주당이익(단위 : 원) (주석 34)	
기본주당이익	4,994
희석주당이익	4,994

자료 : 삼성생명 2017년 반기보고서

연결손익계산서

앞에서 언급했던 지배회사, 종속회사 그리고 관계회사의 개념에 대해 한 번 더 설명한다. 기업 A, B, C가 있다. A는 B와 C 지분을 각각 51%와 30%를 소유하고 있을 경우 A는 B의 지배회사라 하고 B는 A의 종속회사라 한다. 좀 더 자세히 말하면 어떤 기업이 다른 기업에 대한 지분율이 50%를 초과하거나 지분율이 50% 이하라도 실질적인 지배력이 있는 경우 A는 지배회사고 B는 종속회사다. 실질적인 지배 여부는 투자자가 가릴 필요가 없고 사업보고서에 나온다.

한편 C는 A의 관계회사라 한다. 관계회사는 당해 회사에 대해 유의적인 영향력이 있는 회사를 의미하며 통상 직간접적으로 지분율 20% 이상을 소유하고 있으면 유의적인 영향력이 있다고 본다. 이 경우 유의적 영향력 여부도 투자자가 판단할 필요가 없고 사업보고서를 참조하면 된다.

지배회사가 재무제표를 작성할 때 종속회사를 포함하면 이를 연결재무제표라 한다. 여기서는 손익계산서에 관해 설명하므로 연결손익계산서가 된다. 반면에 지배회사에 대해서만 작성하면 이를 별도재무제표라 한다. 〈8-2〉는 별도손익계산서라고 언급했다.

종속회사의 실적이 주가에 영향을 주기 때문에 투자자는 연결손익계산서를 봐야 한다. 다만, 지배회사 단독의 실적을 알 필요가 있을 경우 별도손익계산서를 참고한다.

별도재무제표는 어디에서 찾나요?

⟨8-4⟩ 서흥 사업보고
　　　서 목차

자료 : 서흥 2017년 반기보고서

연결재무제표와 별도재무제표는 사업보고서 표지에 있다. 사업보고서 목차에서 Ⅲ재무에 관한 사항 중에서 2번에 연결재무제표가 있고 4번의 재무제표가 별도재무제표다.

　서흥의 종속회사는 모두 6개 회사로 서흥은 젤텍 지분을 42.84% 가지고 있고 서흥 베트남 등 5개사의 경우 지분을 각각 100% 소유하고 있다. ⟨8-5⟩의 연결손익계산서는 지배회사인 서흥과 종속회사 6개사의 실적을 모두 더했다.

〈8-5〉 서흥 연결손익계산서

(단위 : 원)

구분	제 45 기 반기	
	3개월	누적
매출액 (주20,28,30)	91,568,645,722	181,596,208,869
매출원가 (주20,25,28,30)	72,118,084,373	143,740,225,366
매출총이익	19,450,561,349	37,855,983,503
판매비와관리비 (주21,25,28)	7,608,138,699	15,111,028,060
연구개발비 (주11,25)	1,127,501,309	2,034,352,970
영업이익(손실)	10,714,921,341	20,710,602,473
관계기업투자이익 (주6)	867,548,417	1,362,688,389
금융수익 (주22)	760,768,929	1,010,342,603
금융비용 (주22)	1,685,542,220	5,411,580,608
기타이익 (주23)	454,024,298	639,781,603
기타손실 (주23)	150,735,022	313,545,074
법인세비용차감전순이익(손실)	10,960,985,743	17,998,289,386
법인세비용 (주24)	988,694,853	1,878,370,549
당기순이익(손실)	9,972,290,890	16,119,918,837
당기순이익(손실)의 귀속		
지배기업의 소유주에게 귀속되는 당기순이익(손실)	8,861,188,570	14,496,771,741
비지배지분에 귀속되는 당기순이익(손실)	1,111,102,320	1,623,147,096

자료 : 서흥의 2017년 반기보고서

2017년 반기 기준 :

연결매출액 1,816억 원, 별도매출액 1,360억 원 〈8-2〉 참조

연결영업이익 207억 원, 별도영업이익 113억 원 〈8-2〉 참조

연결당기순이익 161억 원, 별도당기순이익 101억 원 〈8-2〉 참조

종속회사의 손익은 반기보고서 목차의 연결재무제표 주석에서 볼 수 있다. 2017년 반기 기준 젤텍과 서흥베트남의 당기순이익이 각각 28억 원과 29억 원이었다. 이 두 회사의 호실적으로 지배회사인 서흥의 연결손익이 크게 개선되었다.

당기순이익의 귀속

연결손익계산서에서 매출액, 영업이익 그리고 당기순이익 각 항목의 수치는 지배회사와 종속회사의 수치를 더한 것이다. 그런데 지배회사와 종속회사의 주주의 몫이 있다. 서흥의 경우 2017년 반기 연결순이익이 161억 원인데, 이 모두가 지배주주의 몫은 아니다.

지배주주의 몫은 별도당기순이익 101억 원에 젤텍의 몫인 12억 원(28억 원×42.84%)과 서흥베트남의 몫인 29억 원(29×100%)이다. 여기에 금액은 작지만 다른 100% 지분 종속회사 순이익을 합산한 금액이다. 반대로 말하면 지배주주의 당기순이익은 연결당기순이익 161억 원에서 종속회사인 젤텍 주주의 몫인 16억 원(28×57.16%) 차감한 145억 원이다. 〈8-5〉의 지배기업의 소유주에게 귀속되는 당기순이익(손실)이 145억 원임을 확인 할 수 있다.

당기순이익에서 1주당순이익이 나오고 주가평가 지표인 PER이 계산되는데, 주가평가 지표를 설명할 때 이를 언급한다.

개념정리 : 지분법 이익

이 책을 정독하는 독자는 앞에서 지배회사와 관계회사를 이야기하더니 지배회사만 말하고 관계회사에 대한 언급이 없음을 알아차렸을 것이다. 사업보고서에 관계회사 여부가 나온다고 했다. K회사가 H회사의 지분을 20% 보유하고 있고 H회사의 순이익이 100억 원이라면 K회사의 지분법이익이 20억 원이 된다. 그리고 지분법이익은 관계기업투자이익 계정에 나타난다.

통화 캐리트레이드(currency carry trade)는 투자자가 낮은 금리의 통화를 빌려 매도한 후 그 자금으로 높은 금리의 통화를 매수해 금리 차익을 얻으려는 외환 투자 전략이다. 엔 캐리트레이드가 주목을 받는 투자 전략이었다.

투자자는 헤지펀드나 외환시장에서 큰손들이다. 예를 들면 투자자는 1억 엔을 일본 은행으로부터 차입해서 그 돈으로 미국 국채를 산다. 만일 채권수익률이 2%고 엔의 차입금리가 0.5%면 투자자는 1.5%의 수익을 낸다.

다만 이 경우 환율이 변하지 말아야 한다. 만일 미국 달러가 엔보다 2% 절하되면 투자자는 0.5% 손해를 보게 된다. 즉 환율 리스크만 피할 수 있으면 수익이 보장된다. 그런데 투자자는 1억 엔으로 선물 시장에서 100배의 레버리지를 이용해 100억 엔 어치 미국 국채를 사기 때문에 캐리트레이드 시장 규모는 크다.

2015년 12월 17일, Fed는 근 10년 만에 연방기금금리를 0~0.25%에서 0.25~0.5%로 0.25% 인상했다. 당시 시장에서는 금리 인상에 촉각을 세웠다. 금융 위기 이후 첫 번째 금리 인상이라는 점에서 다른 때의 금리 인상과는 달랐다.

당시 수많은 투자자가 금리 인상 전에 이자율이 낮은 달러나 엔을 차입해서 그 돈으로 이머징 국가가 발행한 국채나 주식에 투자했었다. 그런데 미국 금리가 인상되면서 또한 향후 추가 인상이 예상되면서 투자자들은 캐리트레이드를 청산했다.

달러 캐리트레이드의 경우 미국의 금리가 계속 오르면 투자 수익이 줄거나 때에 따라 손실을 볼 수 있다. 당시 엔과 달러로 이머징 경제의 국채나 주식을 보유하고 있던 규모가 수조 달러로 추정했다.

달러 또는 엔 캐리트레이드가 청산되려면 먼저 이머징 경제의 유가증권을 매도하고 이머징 경제의 통화를 달러나 엔으로 바꾼 후 차입금을 상환한다. 미국의 금리 인상 전후 이머징 국가에서 달러가 대규모로 빠져나간 이유는 바로 캐리트레이드 때문이었다.

09 자기자본이 크면 우량기업이다 : 재무상태표

투자자는 종목선택을 하면서 여기에서 언급하는 재무상태표보다 손익계산서를 더 중시한다. 일반적으로 재무제표를 설명하면서 재무상태표를 먼저 언급한 후 손익계산서로 이어지는 데, 이 책에서 손익계산서를 먼저 언급한 이유는 독자가 투자자이기 때문이다. 그렇다해서 재무상태표를 등한시해도 된다는 말이 아니다. 특히 자본계정은 손익계산서 못지않게 종목선택에서 중요한 정보를 제공해준다.

재산상태를 알려주는 재무상태표

재무상태표는 특정 시점의 재무상태를 보여준다. 손익계산서는 기간 개념인 데 반해 재무상태표는 시점 개념이다.

예를 들면, 어떤 봉급생활자가 회사에서 10년을 근무했는데 연봉이 5,000만 원이고 현재 아파트를 포함한 재산이 5억 원일 경우, 5억 원의 내역과 5억 원이 순수 자기 돈인지, 빚이 포함되어 있는 것인지를 알려주는 것이 재무상태표다. 이에 반해 손익계산서는 연 수입이 5,000만 원인데 1년 동안 이를 어떻게 지출하고 얼마 남았는지에 대해 말해준다.

재무상태표는 자산의 규모를 알려주니 회사의 크기도 알 수 있다. 기업 활동에 필요한 자금을 어디에서 얼마나 조달해 어떻게 운용했는지, 차입금과 예금, 그리고 자기자본을 통해 기업의 재무구조를 알 수 있다. 마지막으로 기업이 청산되었을 때의 기업가치까지 알려준다.

재무상태표의 기본 골격은 자산, 부채 그리고 자본 항목이다. 부채와 자본을 합하면 자산이 된다. 자본은 자기 돈이고 부채는 타인 돈이다.

자 산	부 채
	자 본

자산은 유동자산과 비유동자산으로 나뉘는데, 1년 이내에 현금화할 수 있는 자산은 유동자산이다. 현금과 현금성 자산은 말할 나위 없는 유동자산이고 매출채권, 재고자산 등이 포함된다. 반면 1년 이후에야 환급할 수 있으면 비유동자산이다. 유형자산, 관계기업투자자산 그리고 1년 이후 환급 가능한 금융자산 등이 있다.

부채도 유동부채와 비유동부채로 나눈다. 여기서도 1년 기준이다. 즉, 1년 이내에 만기가 돌아오면 유동부채고, 1년 이후에 만기가 돌아오면 비유동부채다. 매입채무가 대표적인 유동부채 항목이고 은행에서 단기로 빌린 단기차입금도 유동부채다. 그러나 만기 3년의 회사채는 비유동부채가 된다.

유동자산, 비유동자산, 유동부채 및 비유동부채 계정과목 아래에도 앞에서 언급한 이외의 항목이 많다. 그러나 여기서는 하위 계정과목에 대한 설명은 생략하겠다. 물론 그들 계정과목에 대한 지식이 있으면 종목 리포트를 이해하는 데 도움이 된다. 그러나 하위 항목을 분석해 향후 어떤 기업의 실적을 추정하는 것은 애널리스트의 몫이다.

재무상태변동표의 유동자산 과목 중 '현금과 현금성 자산'은 현금, 보통예금, 요구불예금 그리고 유동성이 매우 높은 단기 투자 자산이다. 그런데 회계 용어가 아니라 일반적으로 사용하는 기업의 현금성 자산은 계정 이름의 현금성 자산의 범위를 넘는다. 이 경우의 현금성 자산은 '현금과 현금성 자산'에 장단기금융자산을 더한 후 차입금과 사채를 차감한다.

복사기와 프린터 메이커인 신도리코(029530)의 현금성 자산은 시가총액에 육박한다. 2017년 6월 말 기준 연결재무상태표를 보면 유동자산의 '현금 및 현금성 자산'이 1,003억 원이었고 '기타유동금융자산'이 4,595억 원이었다. 기타유동금융자산의 내역은 연결재무상태표 주석에 나오는데 단기금융상품이 1,285억 원과 유동성만기보유금융자산(주로 채권이다) 3,310억 원이었다.

따라서 일반적 의미의 현금성 자산은 5,598억 원(1,003＋4,595)이었다. 2017년 9월 21일 신도리코의 시가총액(주가×발행주식수)이 6,636억 원으로 시가총액 대비 현금성 자산의 비율이 84.4%이었다. 이는 무엇을 의미하는가?

만일 주가가 좀 더 떨어지면 시가총액이 회사의 현금성 자산과 같아진다는 말이다. 시가총액은 발행주식수에 주가를 곱한 액수임에 따라 이론적으로 회사를 매수할 수 있는 돈이다. 회사가 다른 자산을 보유하고 있고 이익도 꾸준히 내고 있다. 따라서 복사기와 프린터 경기가 나빠져도 주가가 하락 경직성을 보일 것이고 그 제품들의 판매가 회복되면 주가는 크게 오르게 된다. 증권 시장이 장기간 하락하면 현금성 자산이 시가총액에 근접해가는 종목이 나타난다. 좋은 매수 타이밍이 된다.

자본계정

자본총계는 자산총계에서 부채총계를 뺀 것이다. 자본은 투자자의 몫으로 자기자본, 순자산액 또는 순재산액이라고 하기도 한다. 영어로는 Shareholders' equity 또는 Book value로 쓴다. 자본총계는 주가를 평가할 때 자주 사용하는 개념이므로 좀 더 알아보자. 자본총계 계정과목에는 자본금 등 여러 가지다.

자본금

기업을 시작할 때의 쌈짓돈이다. 기업이 사업을 시작하려면 공장이나 건물도 사야 하고 설비도 구입해야 한다. 돈(자본금)이 있어야 이런 것들을 구매할 수 있는데, 투자자들이 낸 돈이다.

이익잉여금

회사는 1년에 한 번 결산한다. 결산 후 이익이 나면 일부를 배당하고 나머지 이익금은 사내 유보한다. 예를 들어, 이익이 100억 원이 났는데 배당을 20억 원 했으면(돈이 회사에서 빠져나감) 80억 원이 남는다. 이 80억 원은 이익잉여금 항목으로 사내에 남게 된다.

주식발행초과금

A기업 주식의 액면가(주권에 표시된 금액)가 5,000원인데 증자(자본금을 늘림)를 하면서 주당 10,000원에 발행했다면 한 주당 5,000원이 사내에 남게 된다. 증자 주식수가 100만 주라고 하면 50억 원이 주식발행초과금(5,000원×100만 주)이 된다. 자본총계는 자본금, 이익잉여금, 주식발행초과금 등이 합쳐진 금액이다.

지배주주지분

A기업(B기업의 지분을 50% 보유한 지배기업)과 B기업(종속기업)의 자본총계가 각각 4,000억 원과 1,000억 원이라고 하면 A기업의 연결재무상태표에서 자본총계는 5,000억 원이 된다.

연결기준에서 A가 B를 지배하고 있기 때문에 자산과 부채를 합하는 것은 이해할 수 있다. 그런데 자본의 경우는 좀 다르다. 자본은 자기(투자자) 것이라고 했다. 앞의 예에서 B의 자본 1,000억 원 중 A기업 지분이 50%여서 500억 원은 A의 몫이 된다. 이런 이유로 재무상태표에서는 자본항목에 지배지분과 비지배지분을 표시하는데, 사례에서 A의 지배지분은 4,500억 원이 되고 비지배지분은 500억 원이 된다.

〈9-1〉 서흥의 연결재무상태표의 자본계정 (단위 : 원)

자본		
지배기업소유지분	260,915,671,275	258,890,685,450
자본금 (주1,15)	6,084,556,500	6,084,556,500
자본잉여금 (주16)	38,543,614,684	38,543,614,684
기타자본 (주17)	10,433,033,050	10,433,033,050
기타포괄손익누계액 (주18,24)	(5,334,713,505)	1,600,162,926
이익잉여금 (주19)	211,189,180,546	202,229,318,290
비지배지분	29,327,260,959	29,548,354,296
자본총계	290,242,932,234	288,439,039,746
자본과부채총계	585,437,835,827	585,890,727,422

자료 : 서흥의 2017년 반기보고서

〈9-1〉에서 2017년 반기(좌측 칸) 기준 서흥의 지배기업소유지분

(지배지분)은 2,609억 원이고 비지배지분이 293억 원이며 자본총계는 2,902억 원이다. 서흥의 종속기업 6개 중에서 젤텍의 지분율이 42.84%이고 나머지 5개사는 100%다.

자본의 지배지분은 주가평가의 중요 지표인 1주당순자산액과 PBR을 계산할 때 사용한다. 이에 대해 '주가평가 지표'에서 설명한다.

개념정리 : 내부거래

연결재무제표를 작성하면 지배회사와 종속회사의 거래가 이중으로 발생되는 경우가 있는데 이 경우 하나의 거래만 계상한다.

예를 들어 지배기업인 A가 가구제조업체이고 종속기업인 B가 가구의 원자재인 PB(파티클보드)를 판매한다고 하자. B의 2,000억 원 매출 중 절반인 1,000억 원이 A기업에 판매된다. A기업은 1,000억 원의 원자재(PB)를 사용해 가구를 만들어 판매하는데, 가구매출액이 4,000억 원이다. A와 B의 매출을 단순히 합치면 6,000억 원으로 1,000억 원이 이중으로 계상된다. 여기서 1,000억 원이 내부거래이며, 연결기준으로 두 기업의 매출액을 합산하는 경우 1,000억 원을 제외한 5,000억 원이 된다.

금, 은, 원유, 대두 등을 선물 시장에서 상품(commodities)이라고 부른다. 이들 상품은 선물 시장에서 거래되며 시시각각 시세가 형성된다. 물론 시세는 달러로 표시된다.

이들의 가격은 기본적으로 수요와 공급에 의해 결정된다. 원유의 경우 산유국이 공급량을 늘리거나 줄이면서 가격이 변하고 때에 따라 중동지역의 정치적 변수에 의해 가격이 변하기도 한다. 대두도 마찬가지다. 일기가 좋아 생산이 많아지면 대두 가격이 하락하고 반대로 일기 불순으로 작황이 나쁘면 가격이 오른다.

그런데 상품 고유의 수급에 의한 가격변동 외에 다른 요인에 의해 가격이 변하기도 한다. 즉, 표시통화인 달러가치의 변동이 상품가격에 반영된다. 경우에 따라 상품의 수급에 의한 원천적인 가격변동보다는 달러화 가치에 따른 가격변동이 더 심한 경우가 있다. 미국 달러가 다른 통화에 강세일 때 즉 달러지수가 오를 때 상품가격이 하락하는 경향이 있다. 반면에 달러가치가 하락할 때 상품가격은 오른다.

상품 시장에서의 대표적인 지수인 CRB지수는 19개의 상품으로 구성되어 있다. 지수에서 비중이 제일 큰 것은 원유이고 금, 구리, 대두, 옥수수도 포함한다.

2014년 7월에서 2015년 3월까지 달러지수가 80에서 100으로 급상승했다. 이는 달러 가치가 다른 통화에 비해 올라갔다는 의미다. 같은 기간 CRB지수는 310 수준에서 210 수준으로 급락했다. 달러가치와 상품가격이 서로 반대방향으로 간다는 대표적인 사례다.

◎ 3단계_주가를 평가하는 지표를 단순하게 적용한다

글로벌 바이오의약품 위탁생산업체인 삼성바이오로직스(207940)가 2016년 11월 10일 코스피에 상장됐다. 이 회사는 2016년에 영업손실이 304억 원이었고 2017년 상반기에도 50억 원의 영업손실을 냈다. 하반기부터는 흑자를 내리라 예상하고 있다. 그런데 2016년 11월 공모가가 136,000원이었는데 10개월이 좀 더 지나 이글을 쓰고 있는 2017년 9월 하순 30만 원을 넘었다. 주가가 2배 이상 올랐다.

같은 시기인 2017년 9월 하순 미국의 전기차 업체인 테슬라(Tesla : TSLA)의 주가는 $340을 넘었는데 지난 1년 주가 상승률이 70%에 달했다. 그런데 이 회사도 2016년에 이어 2017년에도 적자를 예상한다.

여기에서는 주가평가 지표에 대해 언급하려 한다. 대표적인 지표가 PER와 PBR인데 PER의 경우 주가는 기업의 이익을 반영한다는 점이 기본 원리다. 그런데 삼성바이오로직스나 테슬라의 경우처럼 적자 상태에서도 주가가 오른다는 점에서 PER의 유용성에 의문을 가질 수 있다. 그러나 이 두 기업이 향후 상당한 이익을 낼 것으로 시장은 기대하고 있고 그 기대치가 주가에 반영된다. 이제 이들 지표에 대해 설명한다.

10 주가평가 지표 ① PER

A기업의 영업이익이 100% 늘어난다고 가정해보자. 투자자는 영업이익이 크게 늘어나는 이 종목에 관심을 갖게 되고 매수해야겠다고 생각한다. 그러나 만일 주가가 이 호재를 충분히 반영하고 있으면 어떻게 해야 하나? 다시 말해, 이익이 2배로 늘어날 것으로 기대되어 주가가 이미 2배 이상 올랐다면, 이 종목을 사서 시세차익을 보기가 어려울 수 있다.

반대로 B기업은 영업이익이 소폭 늘어날 것으로 예상된다. 대부분의 투자자들이 이 종목에 관심을 두지 않아 주가는 오히려 하락했다. 그런데 여러 지표로 살펴보니 B기업의 주가는 저평가되어 있었다. 이 종목을 사서 시세차익을 볼 수 있다.

주가가 고평가 또는 저평가되어 있는지 따져보는 것을 주가평가 즉 밸류에이션(Valuation)이라고 하는데, 기업의 이익을 기준으로 주가평가를 하는 대표적 지표가 바로 PER다. PER는 주가를 1주당순이익(EPS : Earnings Per Share)으로 나눈 수치다. 주가가 20,000원인데 1주당이익이 2,000원이면 PER는 10.0배다('배'를 'X'로 표시하기도 한다).

이익 규모가 크고 주가가 낮으면 PER가 낮아지는데, PER가 작으면 주가가 저평가되었다고 할 수 있다. 동일업종에 있는 X, Y 두 종목의 경우를 살펴보자. X의 PER가 15.0배이고 Y의 PER가 12.0배라면 동일 조건 하에서는 B가 저평가된 종목이다. 따라서 투자자들은 A대신 B를 매수한다. 동일 업종의 종목의 경우 특히 그렇다.

그런데 업종에 따라 PER 수준이 다르다. 이런 의미에서 낮은 PER가 높은 PER보다 반드시 저평가되었다고 할 수 없는 경우도 있다. PER가 낮고 높은 데는 그 이유가 있다. 이에 관해 뒤에서 언급한다.

PER 계산 방법

$$PER = 주가 \div 1주당순이익$$

PER를 어떻게 구하는지 알아보자. PER를 알려면 1주당순이익(EPS)을 알아야 한다. 주식회사는 주식을 발행해 자금을 조달한다. K사의 발행주식수가 2,000,000주라고 하자. 한편 회사가 우선주를 발행한 경우도 있다. 우선주도 발행주식수에 포함된다. 예를 들면, K사의 보통주가 150만 주고 우선주가 50만 주면 발행주식수는 200만 주가 된다.

개념정리 : 우선주

주식에는 의결권이 있다. 의결권이 있는 주식을 보통주라고 한다. 그러나 우선주는 의결권이 없고, 대신 배당을 보통주보다 많이 준다 .

K사의 연간 당기순이익이 40억 원이라고 하자. 당기순이익을 발행주식수로 나누면 1주당순이익이 나온다. 즉 4,000,000,000원/2,000,000주 = 2,000원이다. K사의 1주당순이익이 2,000원이고 주가가 24,000원이면 PER가 12.0x가 된다.

> 1주당순이익(EPS) = 당기순이익÷발행주식수

〈10-1〉은 서흥(008490)의 1주당순이익을 나타낸다. 연결손익계산서의 당기순이익 중 지배기업 주주의 몫은 '지배기업소유주에게 귀속되는 당기순이익(손실)'이라 했다.

당기순이익(손실)	30,703,782,370
당기순이익(손실)의 귀속	
지배기업의 소유주에게 귀속되는 당기순이익(손실)	27,307,685,950
비지배지분에 귀속되는 당기순이익(손실)	3,396,096,420
주당이익(주26)	
기본주당이익(손실)	2,360
희석주당이익(손실)	2,360

자료 : 서흥의 2016년 사업보고서

2016년 서흥(008490)의 연결기준 당기순이익이 30,703,782,370 원이었는데 지배지분 당기순이익이 27,307,685,950원이었다. 2016 년 말 기준 서흥의 발행주식수는 11,569,113주인데 1주당순이익은 2,360원(27,307,685,950원/11,569,113주)이다.

2017년 9월 29일 서흥의 주가는 33,250원이었다. 따라서 PER는 14.1x(33,250원÷2,360원)다. 여기서 PER는 과거실적, 즉 2016년 실 적에 의한 PER다. 애널리스트가 2017년 9월 29일 종목 리포트를 낸 다면 그 리포트에 2017년, 2018년 예상 PER를 제시한다.

예를 들어 2017년과 2018년 서흥의 지배지분 당기순이익이 각각 320억 원과 350억 원이라고 애널리스트가 추정하면 2017년과 2018 년 1주당순이익은 각각 2,766원(320억 원÷11,569,113주)과 3,025원 (350억 원÷11,569,113주)이다. 주가가 33,250원이었음으로 2017년과 2018년 PER는 각각 12.0x와 11.0x다. 이는 미래 실적 즉 2017년과

2018년 연간 실적을 추정해 PER를 산출했다. 주가는 미래를 반영함에 따라 미래의 추정실적을 반영한다.

 과거실적 PER와 미래실적 PER

통상 PER를 따질 때 향후 12개월 예상 기업 이익의 추정치를 기준으로 한다. 이를 포워드(Forward) PER 즉 미래이익기준 PER다. 주가는 미래의 기업이익을 반영함으로, 이 지표가 널리 쓰인다. 그런데 기업의 이익을 추정하는 애널들은 증권 시장이 활황을 보이면 추정치를 너무 낙관적으로 보는 경향이 있다. 이런 이유로 애널들은 지수가 상투로 접근하는데, PER가 아직도 낮은 수준이라고 주장하는 큰 실수를 범한다.

한편 PER를 과거 이익을 기준으로 하는 경우도 있다. 이를 트레일링(Trailing) PER 또는 과거이익기준 PER라 한다. 예를 들어 지금이 2017년 9월 하순이면 2016년 연간실적 또는 2017년 반기실적을 기준으로 한다. 앞에서 언급한 바와 같이 주가는 미래의 기업이익을 반영한다는 면에서 지표로서 결함이 있으나, 이익 추정의 오류를 피할 수 있다는 장점이 있다.

개념정리 : 1/PER

어떤 종목의 시가총액은 주가에 발행주식수를 곱한 것이다. 2017년 9월 29일 기준 서흥의 주가는 33,250원이었고 발행주식수는 11,569,113주였다. 따라서 9월 29일 기준 서흥의 시가총액은 3,847억 원이었다.

PER를 (주가×발행주식수)÷(1주당순이익×발행주식수)라고 할 수 있는데 분자가 시가총액이고 분모는 당기순이익(지배지분)이다. 즉 PER=시가총액÷당기순이익이다. 그러면 1÷PER=당기순이익÷시가총액이 된다. 이는 회사를 매수할 수 있는 이론가격인 시가총액으로 회사에 투자할 경우 얻는 수익률이 된다.

PER가 10.0×이면 1/PER은 1/10 즉 연 10%가 되는데 이를 해당 종목의 기대수익률이라 한다. PER가 20.0×이면 기대수익률은 연 5%가 된다.

PER의 상호비교

원칙적으로 PER가 낮으면 주가가 저평가되었다고 했다. 그런데 주가가 높은지 낮은지를 평가하려면 비교 대상이 있어야 하는데, 우선 시장(코스피) PER가 대상이 된다. 앞에서 한 종목에 대한 PER를 언급했지만, 코스피에 포함되어 있는 모든 종목의 PER를 시장(코스피) PER라고 한다.

PER를 시가총액÷당기순이익으로 표시할 수도 있다 했다. 코스피 PER는 서흥의 시가총액뿐 아니라 2017년 9월 29일 기준 삼성전자, 현대차 등 코스피 구성 종목 모두의 시가총액 합계액을 코스피 구성종목 당기순이익 합계액으로 나누면 된다.

첫째, 종목 PER와 시장 PER를 비교

종목A의 PER를 12.0배라고 하자. 그러면 시장 PER와 A종목의 PER를 어떻게 적용할 것인가? 시장 PER가 15.0x라면 A종목은 시장 PER보다 낮아 시장전체보다 저평가되었다고 할 수 있다. 시장전체 대비 저평가되어 매수해볼 만하다. 거꾸로 시장 PER가 10.0배면 A종목이 시장보다 고평가되었기 때문에 매도를 고려해봐야 한다.

해당 종목의 저평가 또는 고평가 여부를 따지는 대표적인 비교 방법이다.

둘째, 국내외 경쟁사와 비교

A종목이 삼성중공업(010140)일 경우 경쟁사인 현대중공업(009540), 한진중공업(097230) 그리고 현대미포조선(010620)의 PER를 참고한다. 이 경우 PER이외 손익 데이터를 비교하기도 한다.

또는 글로벌 경쟁회사의 PER를 비교한다. 현대차(005380)의 적정 PER를 산출하기 위해 뉴욕증권거래소에 상장된 제너럴모터스(GM)나 포드모터스(F) 또는 도쿄증권거래소의 도요타자동차(7203)의 PER와 비교한다.

셋째, 해당 종목의 과거 PER와 비교

A종목의 과거 PER 흐름과 현재를 비교해 A종목이 저평가 또는 고평가되었는지 여부를 판단할 수 있다. 지난 10년간 A종목의 PER가 8.0x~14.0x에 있었다고 가정하자. 지금의 PER 12.0x는 과거 흐름의 상단에 있는 셈이다. 이런 면에서 현재 A의 주가는 고평가되었다고 할 수 있다. 반면 과거 PER 흐름이 10.0x~16.0x에 있었다면 현재의 12.0x는 과거 흐름의 하단부에 있기 때문에 저평가되었다고 볼 수 있다.

〈10-2〉는 내국인 카지노 회사인 강원랜드(035250)의 PER 밴드 그래프다. 좌축은 주가이고 우축은 PER를 나타낸다. 2012~2015년에는 PER가 20x~25x 사이에 있었고 2010~2011년과 2016~2017년에는

15x~20x 사이를 움직였다.

만일 PER가 18x이라면 저평가되었다고 판단할 수 있고, PER가 22x 라면 과거 기준으로는 저평가되었다고 할 수 없다. 종목에 따라 PER의 등락이 심한 경우 자료의 유용성이 떨어진다.

〈10-2〉 강원랜드(035250) PER 밴드

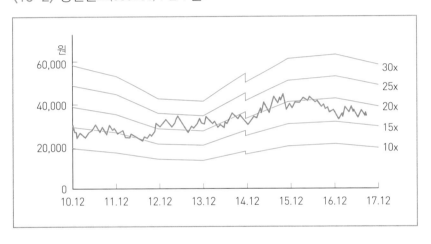

넷째, 종목 PER와 해당 종목의 업종 PER를 비교

앞에서 시장전체 PER를 언급했는데 업종 PER도 있다. 종목 A가 제 약회사일 경우 제약업종 PER와 비교한다. 예를 들어, A의 PER가 18x 인데 제약업종 PER가 22x라면 A가 저평가되었다고 판단한다. 그런데 같은 업종에 속하는 종목 상호 간 사업구조의 차이가 클 경우 지표로서 유용성이 덜하다.

PER를 어떻게 적용하는가?

앞에서 언급한 바와 같이 4가지 방법으로 PER를 상호 비교함으로써 해당 종목의 저평가 또는 고평가 여부를 판단한다고 했다. 그러면 실제 4가지 비교 방법을 모두 사용해 저평가 종목을 선택하는가? 그렇지 않다. 종목에 따라 또는 시장 상황에 따라 이 중 하나 또는 2가지 방법을 사용해 판단한다.

 시장(코스피) PER를 어디에서 찾나?

시장(코스피) PER는 MSCI(Morgan Stanly Capital International : 미국의 투자은행)가 발표하는 12개월 선행 PER를 일반적으로 사용한다. 여기서 12개월 선행이란 12개월 후의 당기순이익 추정치를 사용해 PER를 산출한다는 의미다. 선행을 원어인 Forward를 사용해 12개월 Forward PER라고도 한다. 주가는 미래를 반영함으로써 추정 손익을 근거로 한 선행(Forward) PER를 이용해 저평가 여부를 판단한다.

그러면 코스피의 12개월 Forward PER를 어디에서 찾을까? 이 데이터는 돈을 내야 볼 수 있다. 증권회사 등 국내기관은 유료로 이를 보고 있으나 개인 투자자는 큰돈을 지불할 수 없다. 애널이 리포트에서 종종 언급하는데, 개인 투자자는 이를 참고하면 된다.

PER가 10.0배 아래면 저평가인가?

이 책을 정독하고 있는 독자는 앞에서 PER가 낮으면 그만한 이유가 있다고 언급한 내용을 기억하고 있을 것이다. 기업의 장기성장성이 보이지 않는 회사의 경우 주가가 높게 형성될 수 없어 PER가 낮다. 그러나 경험적으로 PER가 일정 수준 이하면 저평가된 편이라고 할 수 있다.

필자가 펀드를 운용하면서 종목 리포트를 참고하거나 또는 필자가 기업을 방문하고 작성한 보고서에서 PER가 10.0배 아래면 일단 저평가 종목으로 간주했다. 물론 성장성이 없는 종목은 7.0배라도 저평가되었다고 생각하지 않을 수도 있으나 10.0배 아래면 저평가 가능성이 커서 우선 매수가능 종목으로 분류한 후 그 종목의 다른 요인을 체크했다.

금리는 여러 종류다. 그런데 경제흐름을 파악하는 데 핵심이 되는 금리로는 기준금리(정책금리)와 시장의 지표(Benchmark)금리가 있다. 기준금리는 한 나라의 금리를 대표하는 정책금리로서 각종 금리의 기준이 된다. 기준금리가 오르(내리)면 각종 금리가 연쇄반응을 일으키며 상승(하락)한다.

시장의 지표금리는 시장의 실세금리를 가장 잘 나타내주는 금리다. 미국의 경우 기준금리는 연방기금금리(Federal Funds Rate)이고 시장의 지표금리는 10년국채수익률이다.

미국의 중앙은행은 연방준비제도(Federal Reserve System : Fed)다. 그런데 중앙은행의 조직에서 금리를 결정하는 곳은 연방공개시장위원회(FOMC : Federal Open Market Committee)다. 통상 FOMC라고 부른다. FOMC는 1년에 8회 회의를 하며 12명의 위원으로 구성되는데 Fed 의장이 FOMC 의장이다.

시중은행은 고객의 예금 인출에 대응하기 위해 중앙은행에 지급준비금을 예치한다. 연방기금금리는 한 시중은행이 예치금이 모자라는 경우 다른 시중은행으로부터 무담보로 빌리는데 이때 시중은행 상호간의 금리다. 초단기 금리로 익일(overnight)물이다. 이 금리가 변하면 시장의 모든 금리가 연쇄반응을 일으킨다. 금융 시장에서 연방기금금리 변화는 중요 뉴스이며 한국을 비롯한 전 세계 금융 시장에 영향을 준다.

그린스펀(Alan Greenspan)이 의장으로 재직할 때 그가 FOMC 회의 참석차 아침에 Fed 건물에 들어서면 TV가 그의 서류가방 두께를 방영해 당일 금리 인상 여부를 점치기도 했다. 두꺼우면 위원회 위원들을 설득하기 위한 자료가 많아 금리를 인상한다고 판단했다. 가방이 얇으면 금리 변화가 없는 것으로 결론을 내렸다. 물론 이후 그렇지 않은 경우가 많아 지금은 유용한 판단 자료가 되지 못한다. 그런데 이 에피소드는 연방기금금리의 중요성을 상징적으로 말해준다.

밸류에이션 지표 중 PBR은 PER 다음으로 널리 사용된다. 이는 주가를 1주당순자산액(BPS : Book-value Per Share)으로 나눈 수치며 '배' 또는 X로 표시한다. 피비알(PBR)이라 읽는다. 1주당순자산액은 자본총계를 발행주식수로 나눈 값이다. 자본총계를 순자산액이라고도 하는데 한 회사의 자기자본을 말한다.

주가순자산비율(PBR) = 주가 ÷ 1주당순자산(BPS)

1주당순자산(BPS) = 자본(지배지분) ÷ 발행주식수

〈11-1〉은 JB금융지주의 2017년 6월 말 기준 연결재무상태표의 자본항목이다. 연결기준 자본(총계)에서 JB금융지주의 주주 몫은 지배기업 소유지분인 2,373,971백만 원이다. 2017년 6월 말 기준 발행주식수는 155,439,423주였다. 따라서 BPS는 15,273원이다.

2017년 9월 29일 주가는 6,000원이었고 그날 기준 PBR은 0.4배(또는 0.4x)다.

〈11-1〉 JB금융지주의 자본항목 (단위 : 백만 원)

자본		
Ⅰ. 지배기업 소유주지분		2,373,971
1. 자본금	777,197	
2. 신종자본증권	200,000	
3. 연결자본잉여금	523,655	
4. 연결자본조정	(16,068)	
5. 연결기타포괄손익누계액	1,048	
6. 연결이익잉여금	888,139	
Ⅱ. 비지배지분		718,779
자본총계		3,092,750

자료 : JB금융지주 2017년 반기보고서

여기서 PBR이 0.4배라는 말은 무엇을 의미하는가? PBR은 시가총액을 자기자본으로 나누어 계산하기도 한다. 즉 PBR = (주가×발행주식수)÷(1주당순자산액×발행주식수)가 됨으로써 다음 산식이 성립된다.

PBR = 시가총액/자기자본(지배지분)

2017년 9월 29일 기준 주가가 6,000원에 발행주식수가 155,439,423주였다. 시가총액은 932,636백만 원이 된다. 〈11-1〉에서 지배지분 자본이 2,373,971백만 원이었다. 따라서 PBR은 0.4배(932,636/2,373,971)다.

PBR이 낮으면 저평가된 종목이다. 만약 PBR이 1.0배에도 미치지 못한다면 회사의 시가총액이 자기자본에 미치지 못한다는 얘기다. 그만큼 주가가 저평가되었다는 신호인데, 증시가 하락할 때는 미래 기대 수익에 대한 기대보다는 안전한 자산주에 투자하려는 움직임이 있게 마련이어서 저PBR주가 인기다.

실제 증권시장에 상장된 종목 가운데 PBR이 1.0배 미만인 종목도 흔하다. JB금융지주는 0.4배에 불과하다. 부동산 또는 투자 자산(주식)을 많이 보유하고 있는 자산주의 PBR이 1.0배 이하인 경우가 많다. 반면 매출액과 이익성장이 높은 성장주들은 PBR이 1.0배 이상인 경우가 대부분이다.

개념정리 : Forward PBR

PER와 마찬가지로 PBR의 경우도 선행(Forward) 수치가 의미 있다. 현재 시점이 2017년 9월이라면 애널리스트는 2017년 반기의 자기자본(자본총계)을 기준으로 2017년 말 자기자본을 추정한 후 선행(Forward) PBR을 산출한다.

그런데 PBR의 경우 PER와는 달리 추정치가 없을 경우 최근의 PBR(2017년 6월 말 기준 PBR)을 참고하기도 한다. 당기순이익 변화는 심한 데 비해 자기자본 변화는 그리 크지 않기 때문이다.

첫째, 다른 지표와 같이 사용

주가평가를 할 때 PBR만으로 해당종목이 고평가 또는 저평가되었는지 여부를 단정하지 말아야 한다. 다른 요인들과 같이 고려한다. PER와 같이 사용하는데, 예를 들면 어떤 종목의 PER가 시장 PER보다 높지만 PBR이 현저히 낮다면 매수를 고려할 수도 있다.

둘째, 해당 종목의 과거 PBR과 비교

PER의 경우에도 PER 밴드를 통해 과거 수준 대비 높은지 낮은지 비교했다. PBR의 경우도 마찬가지다. 〈11-2〉의 JB금융지주 PBR 추이를 보면 2017년 Forward PBR이 0.4배 수준으로 과거 대비 낮은 수준이다.

〈11-2〉 JB금융지주 PBR 밴드

셋째, 약세장에서는 저PBR주 인기

약세장에서는 PBR이 낮은(예를 들면 0.7~0.8배 이하)종목들의 주가 하락폭이 상대적으로 작다. 강세장에서는 이익 모멘텀이 주가를 견인하기 때문에 이익이 많이 나는 회사의 주가가 크게 오르는 반면 PBR이 낮은 종목의 주가 상승폭은 덜하다.

반면에 PBR이 낮은 종목은 주가 하락 시 어느 수준 이하로 떨어지지 않는다. 이는 청산가치에 해당하는 순자산액과 시가총액의 갭이 무한으로 벌어지지 않기 때문이다. 따라서 하락장세에서는 유망 종목을 고르려고 할 때 PER와 함께 PBR도 체크해볼 필요가 있다.

넷째, 은행주, 증권주, 보험주 등 금융주에는 PBR을 우선 적용한다

　은행주, 증권주, 보험주 등 금융주의 주가를 평가할 때는 PBR을 우선 적용한다. 이 경우 PER를 부수적인 밸류에이션 지표로 사용한다. 은행 등 금융기관의 경우 자기자본의 규모가 이익에 큰 영향을 준다. 따라서 PBR이 우선 적용된다.

투자 꿀팁 11 그린스펀이 주목한 10년국채수익률

미국 연준 의장이었던 그린스펀에게 기자가 수많은 경제지표 가운데 의장님이 특별히 관심을 가지고 보는 지표가 무엇이냐고 물었다. 그는 미국의 10년국채수익률이라고 대답했다. 채권수익률은 시장금리다. 그린스펀의 답변은 금리지표가 얼마나 중요한가를 말해준다.

미국 국채는 재무부(Treasury Department)에서 발행하는데, 만기구조가 다양하다. 단기채권인 3개월, 6개월에서 최장기채권인 30년 만기도 있다. 12개월, 2년, 5년, 10년 만기 채권도 있는데 이 중에서 10년 만기 채권이 시장의 실세금리를 가장 잘 반영하고 있어 시장의 지표금리로 사용되고 있다.

미국의 10년국채수익률 추이는 증권회사 HTS 또는 네이버 등 금융 사이트에서 볼 수 있다.

12 주가평가 지표 ③ ROE와 EV/EBITDA

이제 마지막으로 ROE와 EV/EBITDA에 설명하겠다. 필자는 애널리스트로서 또한 펀드매니저로서 주가평가를 할 때 가능한 한 단순한 잣대를 사용한다. 즉, PER와 PBR만으로 주가가 고평가 또는 저평가되었는지 결론을 내린다. PER를 기본으로 하고 PBR을 보조지표로 활용한다. 그런데 여기서 ROE와 EV/EBITDA를 언급하는 이유는 이 지표들이 종목 리포트에 자주 언급되기 때문이다.

ROE가 높으면 투자 유망 종목

ROE(Return On Equity)는 자기자본이익율이라고 한다. 자기자본은 자산총계에서 부채총계를 뺀 자본(총계)을 말한다. 자기자본이익률(%)은 당기순이익을 자기자본으로 나누고 여기에 100을 곱한 등식이다.

자기자본이익률 = 당기순이익÷자기자본×100

그런데 여기에서 당기순이익과 자기자본은 지배지분 당기순이익과 자본을 말한다. 〈12-1〉은 KB금융(105560)의 연도별 ROE다. ROE가 증가 추세를 보이는 데 주가에 긍정적이다.

<12-1> KB금융 ROE

(단위 : 백만 원)

구분	2016년	2015년	2014년
자기자본(지배지분)	30,998,044	28,680,621	27,315,092
당기순이익(지배지분)	2,143,744	1,698,318	1,400,722
%	6.9%	5.9%	5.1%

자료 : 연도별 사업보고서

자기자본은 주주가 투자한 자본이며, 자기자본이익률은 주주의 투자 자금에 대한 이익률이다. 시중금리보다 높아야 투자 의미가 있다. 자기자본이익률이 높다는 것은 해당 기업이 효율적인 영업활동을 했다는 의미가 된다. 자기자본이익률이 꾸준히 높은 기업은 투자 유망 종목이 된다. ROE는 은행주를 평가할 때 중요한 개념이다.

EV/EBITDA

다음으로 EV/EBITDA를 알아보자. EV는 Enterprise Value(기업가치)의 준말이다. 기업가치는 기업의 시장가격이라고 할 수 있다. EV는 시가총액에 순부채(순차입금 : 총차입금−현금예금)를 합한 금액이다. 시가총액은 주가에 발행주식수를 곱한 수치이며, 여기에 순부채(순차입금)을 합쳐 시장에서 해당기업을 인수할 때 소요되는 금액이다.

EBITDA는 Earnings(이익), Before(전, 前), Interest(이자), Tax(세금 : 법인세), Depreciation (유형자산상각) 그리고 Amortization(무형자산상각)의 첫 글자다. 이는 이자, 세금 그리고 감가상각 이전의 이익을 말하는데, 영업이익에 감가상각을 더한 금액이다.

그러면 EV/EBITDA는 무엇을 의미하는가? 기업가치가 순수한 영업 활동을 통한 이익의 몇 배인가를 알려주는 지표다. 즉, 6배이면 해당기업을 시장가치로 매수할 때 그 기업이 6년 간 벌어들인 이익이 투자 원금과 같다는 말이다.

EV/EBITDA는 기업 인수합병할 때 밸류에이션 지표로 주로 사용한다. 예를 들어, 어떤 기업을 M&A 하고자 할 때 경쟁회사 몇 곳의 EV/EBITDA를 참고해 인수 가격을 정한다.

일본의 기준금리는 익일(overnight)물인 콜금리다. 중앙은행인 일본은행(BoJ : Bank of Japan)이 조정한다. 2016년 2월 16일부터 일본은행은 마이너스금리를 적용했다. 일본의 시중은행이 중앙은행에 지급준비금을 예치하는데 법정준비금을 초과하는 예치금에 대해 마이너스 0.1%의 금리를 적용했다. 아베노믹스의 일환으로 경기부양을 위해 시중은행의 대출을 늘리게 하는 조치다.

ECB(유럽중앙은행)는 일본보다 앞서 초과 지급준비금에 마이너스금리를 적용했다. 2014년 6월에 마이너스금리를 선보인 이래 몇 차례 추가로 인하했는데 2016년 3월 10일 마이너스 0.4%까지 내려갔다. 당시 덴마크, 스웨덴, 스위스도 마이너스금리를 적용했다. 기존의 정책수단으로는 경기가 살아나지 못함에 따라 시중은행이 중앙은행에 돈을 맡겨놓지 못하도록 하는 강력한 조치를 취한 것이다.

기준금리가 마이너스로 가면서 시장금리인 채권수익률도 마이너스로 떨어졌다. 예를 들면, 2016년 3월 9일 일본 10년국채수익률이 −0.014%이었고 미국 10년국채수익률은 1.88%였다. 미국 10년국채수익률이 1.894%가 더 높았다. 당시 일본 기관투자자는 미국 국채를 대량 매집했다.

◎ 4단계_저평가 종목을 선택하는 4가지 기준

주가 상승과 관련해 3단계를 생각해볼 수 있다.

1단계에서는 기업의 이익이 늘어나는 어떤 조짐도 보이지 않는데, 주가는 오르기 시작한다. 이 경우 주가는 바닥을 치고 상승해 시세가 크게 난다. 2단계에서는 기업의 이익이 늘어나는 모습을 보인다. 그러나 주가는 1단계에서 이미 올랐기 때문에 2단계에서는 1단계와 뒤에 언급하는 3단계보다 주가 상승 폭이 작다. 3단계는 주가 상승의 마지막 국면으로 이 기간에도 시세가 크게 오른다. 이 단계에서는 기업 이익이 크게 늘어나는데, 문제는 주가 또한 이를 반영해 고평가 단계로 넘어간다.

1단계와 3단계에서는 리스크가 크다. 1단계에서는 수많은 개인 투자자는 시장에서 퇴출된다. 주가가 장기간 하락해 투자 자금이 얼마 남지 않은 상태에서 주가가 바닥이라고 생각해서 들어갔는데 바닥 아래에 지하실이 있는 경우다. 3단계에서는 기업의 이익이 많이 나 주가가 고공행진하다 상투를 친 후 급락한다. 단기간에 주가가 반토막 난다. 2단계에서는 이익이 늘어나는 상황을 확인하고 투자하기 때문에 리스크가 상대적으로 작다.

1단계와 3단계에 초점을 맞춘 투자자 중에서 몇 명의 스타가 탄생한다. 이들의 투자 성과가 몇 배가 되어 언론은 대대적으로 보도한다. 그러나 기억해야 할 것은 이 단계에서 깡통을 찬 수많은 투자자의 슬픈 이야기는 보도되지 않는다는 사실이다.

　새롭게 탄생한 스타도 결코 안심할 수 없다. 이들 스타는 투자 성과의 기복이 심해 결국 시장에서 퇴출되는 경우를 필자는 수없이 보았다. 즉, 주식 시장에서 영원한 스타는 있을 수 없다. 스타가 되려면 리스크를 크게 져야 하는데 그들의 판단이 매번 맞을 수는 없기 때문이다. 이런 이유로 2단계에 초점을 둔 투자, 즉 기업(종목)의 이익이 어느 정도 나는지 확인하고 투자하는 방법을 선택한다.

　이렇듯 투자 수익률을 작게 가지고 가면서 리스크를 최소화하는 투자 방식은 필자가 몸담았던 런던 소재 아틀란티스자산운용의 투자 철학이었다. 필자 또한 이런 방식으로 펀드를 운용했는데 PER가 40배, 50배 또는 그 이상의 신약 개발 종목은 특별한 사유가 없는 한 매수하지 않았다. 이익을 확인하기 전에 투자할 수 없기 때문이다.

13　주가는 미래 실적을 반영한다

　이 책의 머리말에서 필자는 저평가 종목이 무엇인지 언급했다. 첫째 조건은 이익이 많아 나야 하고 둘째는 이익증가율이 높은데도 불구하고 주가가 이를 충분히 반영하고 있지 않아야 한다.

〈13-1〉은 오뚜기(007310)의 수익추정과 밸류에이션 테이블이다. 2017년 9월에 나온 리포트를 저자가 일부 수정했다. 수익추정은 매출액에서 순이익(EPS 포함)까지고 밸류에에션은 PER과 PBR이다. 수익추정을 보고 이익이 많이 나는지 아닌지 판단하는 데 이것이 첫째 조건이다. 오뚜기의 경우 2017년 영업이익 증가율은 미미한데, 2018년 영업이익은 과거 기준으로 볼 때 비교적 큰 폭으로 늘어난다.

한편 2017년 저조한 영업이익 증가율과 2018년 비교적 높은 증가율을 주가가 충분히 반영했는지, 그렇지 않은지는 밸류에에션 지표인 PER와 PBR로 판단한다.

〈13-1〉 오뚜기(007310)

구분	단위	2016	2017F	2018F	2019F
매출액	십억 원	2,011	2,127	2,273	2,446
영업이익	십억 원	143	147	175	198
증감율	%	7.5	2.8	19.0	13.1
순이익	십억 원	138	126	142	159
EPS	원	39,977	36,592	41,148	46,333
증감율	%	31.7	(8.5)	12.4	12.6
PER	배	16.6	19.9	17.7	15.7
PBR	배	2.2	2.2	2.0	1.8

* 순이익은 지배지분 순이익

주가가 반영하는 미래

이제 테이블의 가로축 숫자들은 어떻게 이해할 것인지 알아보자.

독자가 지금 오뚜기 주식을 살지 말지 검토하고 있는데 지금 시기가 리포트를 작성한 2017년 9월이라고 하자. 영업이익 증가율을 보면 2017년, 2018년 그리고 2019년에 각각 2.8%, 19.0% 그리고 13.1% 늘어나는 것으로 추정했다. 이 추정치가 근거 있는지 여부는 나중에 따지게 되니 여기서는 넘어간다. 또한 영업이익 증가율만을 따지는 이유도 뒤에서 설명한다.

주가는 과거실적이 아니라 미래실적을 반영한다. 그렇다면 주가가 반영하는 미래는 어디까지일까?

다시 말하면 가로축에서 어떤 숫자에 중점을 두어야 할까? 지금이 2017년 9월이므로 2016년 영업이익 143억 원은 과거 수치이어서 주가가 반영하지 않는다. 그러면 2017년, 2018년 그리고 2019년은 모두 미래인데, 주가가 어느 시점을 가장 민감하게 반응할까?

오뚜기는 12월 결산법인이다. 그리고 투자자가 테이블을 보는 시점이 2017년 9월이다. 그렇다면 2017년 9월 주가에는 2017년 영업이익, 즉 1,470억 원(2.8%)과 2018년 영업이익 1,750억 원(19.0%)이 함께 반영되어 있을 수 있다. 즉, '오뚜기 영업이익이 2017년에는 그저 그런데 2018년에는 큰 폭으로 늘어나기 때문에 지금 매수해도 되지 않을까?'라고 하면서 액션을 취할 수 있다.

주가는 향후 6개월 미래를 반영한다고 가정한다

편의상 주가가 향후 6개월 미래를 반영한다고 가정한다. 지금이 2017년 9월이라면 2017년 추정실적(영업이익 전년 대비 2.8% 증가)이 주가에 가장 많이 반영되어 있다고 할 수 있다. 지금이 9월이라 6개월 후는 2018년 3월이 된다. 오뚜기는 12월 결산법인으로 2017년 연간 실적은 2018년 3월말(결산기가 끝난 후 90일 이내)에 사업보고서를 통해 영업이익 등의 확정치가 공시된다.

6개월은 편의상 전제한 것이지 절대적인 기준은 아니다. 주가가 어떤 경우는 3개월, 다른 경우는 12개월 또는 그 이후의 미래를 반영하기도 한다. 오뚜기의 경우 2017년 9월 기준 2018년 영업이익 1,750억 원 (19.0%)도 반영하고 있다고 할 수 있다. 시간이 가면서 주가는 2017년 추정치보다는 2018년 추정치를 더 민감하게 반영할 것이다.

예를 들면 지금이 2017년 12월이라고 하자. 2017년 실적은 2018년 3월말에 발표된다. 이런 경우 주가는 여전히 2017년 실적을 반영하지만(3개월 후 실적 발표), 2018년 예상실적(영업이익 19.0% 증가)도 반영해 투자자는 2018년 예상 실적에 비중을 더 두게 된다.

지금이 2018년 2월이라면 어떨까? 한 달 후(3월말)에 실적발표가 있기 때문에 2017년 영업이익 1,470억 원은 주가에 조금 반영되고 2018년 1,750억 원이 주가에 더 반영된다. 그리고 시간이 가면서 2019년 영업이익 증가율 13.1%도 반영된다고 생각해야 한다.

개념정리 : 결산기

기업들은 일 년에 한 번 결산을 한다. 12월 결산법인은 1~12월까지 실적을 기준으로 재무제표를 작성한다. 3월 결산법인은 매년 4월에서 다음 해 3월까지의 실적을 기준으로 한다. 9월 결산법인은 매년 10월에서 다음 해 9월까지의 실적을 기준으로 한다.

우리나라의 대부분 상장법인은 12월 결산법인이다. 수익추정과 밸류에이션 테이블을 보면 기업의 결산기를 알 수 있다.

한편 애널은 분기 실적을 바탕으로 연간 추정치를 업데이트한다. 상장법인은 분기(반기) 및 사업기별로 사업보고서를 통해 실적을 공시한다고 이미 언급했다. 애널은 기업이 분기 실적을 공시하면 이를 보고 반기 및 연간 추정치를 수정한다. 분기 추정은 연간 추정을 위해 거치는 과정이다.

따라서 종목 리포트를 읽을 때 우선 연간 수익추정치와 주가평가표를 본 후 연간 추정이 합리적인지 확인하기 위해 분기 실적과 추정치를 본다. 참고로 주가평가는 반드시 연간 데이터로만 가능하다.

구매관리자지수 PMI는 중요한 경기지표 중 하나다. 미국의 ISM, 즉 공급자관리협회 (Institute of Supply Management)가 매월 1일 발표한다. PMI에는 제조업 지수(Manufacturing Index)와 비제조업지수(서비스업 : Non-Manufacturing Index)가 있다. 제조업 PMI는 400개 이상의 제조업체를 대상으로 생산수준, 신규주문, 재고, 제품 인도 시기, 고용상태에 대한 설문조사를 바탕으로 지수를 산출한다.

지수가 50이면 중립, 50 이상이면 제조업 부문 경기 확장, 50 미만이면 경기 위축을 나타낸다. 제조업 PMI는 미국 경기 상황을 파악하는 데 중요 지표다.

중국이 글로벌 경제에서 차지하는 비중이 높아짐에 따라 중국 PMI도 투자자들이 주목하는 지표가 되었다. 700개 이상의 제조업을 대상으로 행한 설문조사를 바탕으로 China 제조업 PMI와 서비스업 지수를 중국 통계국이 매월 발표한다. 한편 중소기업을 대상으로 하는 차이신 PMI도 발표하는데, 제조업 PMI가 가장 중요한 경기 변수다. 미국과 마찬가지로 50 이상이면 경기 확장을 의미한다.

14 저평가 종목 선택기준 ① 영업이익 증가율 20% 이상

그러면 어떻게 저평가 종목을 고를까? 하루에도 수십 건씩 쏟아져 나오는 애널의 리포트 종목군에서 옥석을 가려본다. 마치 수많은 입사 지원자들을 대상으로 먼저 필기시험으로 압축한 뒤 최종 면접으로 입사를 확정하는 방법과 같다.

여기에서 필기시험에 해당하는 조건이 저평가 종목 선택기준 ①~④다. 이 기준에 부합하면 '저평가 종목 후보'가 된다. 필기시험에 합격하여 면접을 남겨둔 입사 지원생과 같다. 후보 종목군에서 어떻게 최종 선택을 하는지는 Chapter 2 실전 연습에서 언급한다.

 종목 리포트를 어디에서 보나?

〈14-1〉 한경컨센서스

한국경제신문에서 제공하는 한경컨센서스를 검색해 여기에서 '기업 Report'를 본다. 또는 투자자가 구좌를 개설한 증권회사의 HTS나 네이버의 '증권'에 들어가 '투자 전략'-'종목분석 리포트'를 본다.

저평가 종목을 선택하는 첫 번째 기준은 전년 대비 영업이익 증가율이다. 주가에 영향을 주는 요인들은 무수히 많으나 가장 크게 영향을 미치는 것이 회사의 이익 신장세다. 특히 영업이익 신장세가 주가에 결정적인 영향을 미친다.

영업이익이란 재무활동이 아닌 영업활동의 결과로 발생한 이익이다. 영업이익이 늘어나면 회사의 영업활동이 좋다는 의미고, 주가는 이를 그대로 반영한다. 그렇다면 영업이익이 어느 정도 늘어나면 크게 늘어났다고 말할 수 있을까? 특별한 기준은 없다. 다만 필자는 전년 대비 20% 이상 영업이익이 늘어나면 우선 저평가 종목 후보로 삼는다.

⟨14-2⟩ LG생활건강(051900)

	단위	2016	2017F	2018F	2019F
매출액	십억 원	6,094	6,150	6,725	7,240
영업이익	십억 원	881	915	1,030	1,160
증감율	%	28.8	3.9	12.6	12.6
순이익	십억 원	568	690	778	881
EPS	원	35,369	43,142	48,818	55,382
증감율	%	23.1	22.0	13.2	13.4
PER	배	24.2	22.1	19.6	17.2
PBR	배	6.0	5.5	4.5	3.8

⟨14-2⟩는 2017년 10월에 나온 리포트를 저자가 일부 수정했다. 투자자가 2017년 10월 말에 이 리포트를 읽는다고 하자. 즉, 지금이 10월 말이다. '13 주가는 미래실적을 반영한다'를 상기하자. 그러면 2017년 추정치가 주가를 가장 많이 반영한다. 추정치 가운데 영업이익 증가

율에 초점을 맞춘다.

2017년 전년 대비 영업이익 증가율은 3.9%다. 우리의 기준인 20%에 훨씬 미치지 못한다. 애널이 종목 리포트에서 '매수'라고 추천했더라도 이런 종목은 매수 대상 후보가 아니다.

개념정리 : 2017F, 2018F, 2019F

애널의 수익추정표에 F는 추정(Forecast)의 첫 글자를 표시한 것이다. E(Estimated)를 쓰기도 하는데 뜻은 추정이다. 한편 지난 년도. 즉 2016A, 2015A에서 A(Actual)는 실제(확정치)라는 뜻이다.

〈14-3〉 제이콘텐트리(036420)

	단위	2016	2017F	2018F	2019F
매출액	십억 원	335	404	497	546
영업이익	십억 원	29	40	48	55
증감율	%	12.1	37.9	20.0	14.6
순이익	십억 원	19	24	32	38
EPS	원	169	213	282	333
증감율	%	32.0	26.0	32.4	18.
PER	배	22.9	18.0	13.6	11.5
PBR	배	5.3	4.0	3.1	2.5

〈14-3〉은 2017년 10월에 나온 리포트를 저자가 일부 수정했다. 투자자가 2017년 11월에 보고서를 읽는다고 가정해보자. 즉, 지금이 2017년 11월이다. 그러면 2017년 추정실적이 주가를 가장 많이 반영한다.

2017년 영업이익이 400억 원으로 2016년 290억 원 대비 37.9% 증가한다. 이는 기준인 20%를 훨씬 넘어 영업이익 증가율 기준에 부합하는 종목이다.

 20% 기준의 탄력적 적용

영업이익 증가율 20% 기준에 약간의 예외를 인정하자. 다음 표는 영업이익 증가율의 사례를 좀 더 구체화한 것이다.

〈14-4〉 영업이익 증가율 사례

	F-2	F-1	F	F+1	F+2
Case 1	12.0%	15.0%	25.0%	18.0%	15.0%
Case 2	13.0%	12.0%	18.0%	30.0%	15.0%
Case 3	10.0%	32.0%	20.0%	12.0%	10.0%

F연도의 실적(표에서는 증가율)이 주가에 가장 크게 반영한다.

Case 1

F연도의 전년 대비 증가율이 25%며 이후 증가율이 감소하되 비교적 완만하게 하락한다. 이 경우는 영업이익 증가율 20% 기준에 부합한다. 〈14-3〉의 제이컨텐트리(036420)가 이에 해당한다. 그러나 만일 F+1이 7~8.0%가 되면 어떨까? 금년에는 이익이 크게 늘어나더니 내년에는 증가율이 뚝 떨어진다.

리포트(12월 결산법인)를 보는 시기가 F+1연도의 1~3월이라면 이런 종목은 배제해야 한다. 예를 들어 F+1연도가 2018년이라면 2018년 3월 말에 2017년 실적이 발표된다. 즉 1~3월에는 주가가 2018년 추정 실적을 더 많이 반영하는데 2018년 영업이익 증가율이 급격하게 떨어지면 주가의 상승탄력이 없다.

Case 2

F연도에서는 증가율이 20% 미만이나 F+1연도가 30%로 영업이익이 큰 폭으로 상승한다. 향후 이익이 많이 나기 때문에 기준에 부합한다. 특히 지금(리포트를 읽는 시점)이 F-1연도의 하반기라면 당연히 선정한다.

Case 3

F-1연도에 이익이 큰 폭으로 났고 F연도에도 20% 증가한다. 이런 경우 작년에 주가가 많이 올랐을 가능성이 크다. F연도에 20% 이익이 증가한다고 하더라도 F+1, F+2로 갈수록 이익증가율이 낮아진다. 이런 종목은 배제한다.

투자 꿀팁 14 국내주가의 윔블던 효과

윔블던 효과(Wimbledon Effect)라는 말이 1980~1990년대 이후 국제금융 시장에서 유행했다. 윔블던 테니스 대회의 종주국인 영국은 1936년 우승한 이후 2000년대에 이르기까지 단 한 번도 우승하지 못한 데서 연유되었다. 영국에서 개최하는 대회에서 자국 선수는 우승하지 못하고 외국 선수들만 우승한다는 의미다.

2010년대에 들어와서는 영국의 앤디 머레이(Andy Murray)가 2013년과 2016년 우승하면서 이 용어가 퇴색하기는 했다. 한편 일본에서도 이 용어가 한때 유행했다. 일본 씨름, 즉 스모 선수 중에서 우승의 대부분을 몽고나 폴리네시아인이 차지했기 때문이다.

그런데 윔블던 효과라는 용어가 금융시장에서 유행하게 된 데는 유사한 배경이 있다. 영국은 대처수상 시절 금융시장 규제를 대폭 완화했다. 이를 빅뱅(Big Bang)이라 했는데, 이로 인해 미국의 투자 은행들이 영국 런던의 금융 중심지인 시티(City)로 몰려들어 비즈니스 규모를 크게 확대했다. 즉 윔블던처럼 시티에서 금융 비즈니스를 외국회사가 좌지우지한다는 말이다.

한국의 코스피 시장도 마찬가지다. 주식 시장은 한국에 있지만 시장의 메인 플레어는 외국인 투자자다. 그들이 시장에 들어오면 코스피 지수가 올라가고 그들이 팔면 시장은 하락한다. 이런 이유로 수많은 개인 투자자는 외국인 투자 동향을 면밀하게 체크한다. 비유적으로 말하면 안방을 내준 격으로 코스피 주가 움직임은 윔블던 효과의 결과다.

윔블던 효과를 감지하기 위해서는 외국인 투자자처럼 한국 시장을 글로벌 시각으로 봐야 한다.

선택기준 ①에서 전년 대비 영업이익 증가율 20% 이상 되는 종목을 골랐다. 선택기준 ②에서는 선택기준 ①을 충족하는 종목 중에서 EPS 증가율이 20% 이상 되는 종목을 추린다. 즉 선택기준 ①과 선택기준 ②가 동시에 충족되어야 한다.

EPS증가율 20% 이상의 요건을 충족해야 하는 이유는 영업이익뿐 아니라 당기순이익(지배지분) 증가폭도 커야 되기 때문이다. 어떤 기업의 경우 영업이익은 전년 대비 크게 늘어나지만, 영업이익 항목의 아래에 있는 금융비용 등이 크게 늘어나면 당기순이익이 줄어든다. 이 경우 주가에 부정적이다.

저평가 종목의 정의를 다시 상기하자. 첫째는 이익증가율이 높고 그 호재를 주가가 충분히 반영하지 않아야 한다고 했다. 여기서 이익증가율이 높다는 것이 영업이익과 EPS 증가율이 높아야 한다는 말이다.

〈15-1〉은 2017년 10월에 나온 리포트를 저자가 일부 수정했다. 투자자가 이 리포트를 11월에 본다고 가정하자. LS산전(010120)은 12월 결산법인이고 2017년 매출액, 영업이익 확정치가 2018년 3월말에 공시된다. 따라서 투자자가 리포트를 보는 2017년 11월에는 2017년 추정치가 주가에 가장 크게 영향을 준다. 이런 이유로 2017년 EPS 증가율을 본다.

<15-1> LS산전(010120)

구분	단위	2016	2017F	2018F	2019F
매출액	십억 원	2213.6	2340.0	2505.0	2630.0
영업이익	십억 원	124.4	176.0	189.0	213.5
증감율	%	(19.4)	41.5	7.4	13.0
순이익	십억 원	80.7	116.0	130.5	150.2
EPS	원	2,690	3,867	4,349	5,005
증감율	%	14.8	43.8	12.5	15.1
PER	배	14.8	14.0	12.4	10.8
PBR	배	1.1	1.4	1.3	1.2

2017년 EPS 증가율이 무려 43.8%로, 20.0%를 훨씬 상회한다. LS산전(010120)은 2017년 영업이익과 EPS 추정치가 모두 20%를 넘어 저평가 종목 선택기준 ①~②를 충족한다.

참고로 만일 LS산전을 2018년 1~3월에 이 리포트를 읽고 저평가 종목 여부를 검토한다면 선택조건 ①~②를 충족하지 못한다. 2018년 1분기에는 2018년 추정치가 주가에 크게 반영되는데, 영업이익과 EPS 증가율이 20.0%에 미치지 못하기 때문이다.

 20% 기준 탄력적 적용

선택기준 ①에서 영업이익률 20% 이상 되는 종목을 선택할 때 20% 기준을 탄력적으로 적용한다고 했다. 이는 EPS증가율 20% 기준에도 그대로 적용된다.

지금은 세계 모든 나라가 화폐로 금과 교환(태환)이 되지 않는 불환지폐를 사용하고 있다. 이 경우 지폐는 법으로 화폐로서의 기능을 부여한 법화(法貨)다. 그런데 정부가 지폐인 종이돈을 남발해 극심한 인플레를 유발하기도 한다.

역사적으로 독일은 초인플레이션(Hyperinflation)을 경험한 나라다. 1914년 독일 마르크와 미국 달러의 환율이 달러 당 4.2마르크이었는데 1923년 인플레가 최고조에 달했을 때는 4.2조 마르크로 계산이 불가능할 정도가 되었다. 당시 식당에서 웨이터가 메뉴 가격을 30분마다 올려 고객에게 알렸다. 1차대전에서 패한 후유증이었다.

금본위제 인플레 억제

1차대전 이전까지는 미국을 비롯한 주요 산업국들의 물가는 안정적이었다. 그들이 금본위제를 채택했기 때문이다. 금본위제란 화폐의 가치가 금의 가치에 연동되는 시스템이다. 즉 금본위제를 채택하고 있는 나라에서는 금보유고를 늘리지 않는 한 지폐, 즉 통화량을 늘릴 수 없다. 그런데 금의 공급은 제한적으로 늘어나 금본위제의 국가에서는 통화량이 크게 늘지 않아 인플레가 억제된다. 정부가 자의적으로 지폐를 발행할 수 없기 때문이다.

미국 대공황에서 벗어나려고 금본위제 이탈

미국은 1879년부터 반세기 동안 금본위제를 채택했는데 당시 미국인들은 금 1온스 당 $20.67에 태환할 수 있었다. 즉 $20.67을 가지고 가면 금 1온스를 내주었다. 그러나 미국은 1933년에 금본위제에서 이탈했고 1971년에는 완전히 결별했다. 미국은 1929년에 시작된 대공황으로 실업이 급증했고 심한 디플레이션을 겪었다. 대공황에서 벗어나기 위해서는 통화량을 늘리고 금리를 낮추어야 했다.

금본위제에서는 통화량을 늘리려면 금의 보유가 늘어나야 하는데 갑자기 금의 보유를 늘리기는 불가능했다. 당시 미국의 프랭클린 루즈벨트(Franklin D. Roosevelt) 대통령은 1933년에 국민들의 금태환을 금지시켰다. 반면 외국정부에 대한 금태환은 계속 허용했다.

브레톤우즈 시스템

이후 1944년 2차 대전이 끝나기 바로 직전 미국 뉴햄프셔주의 브레톤우즈에서 44개국이 모여 전후 국제통화시스템과 관련 브레톤우즈 시스템을 채택했다. 이 시스템에서는 그들의 화폐가 미국 달러화에 연동된 반면(불가피한 경우 조정가능) 달러는 금에 연동되었다.

이 시스템에 참여한 나라들은 국제거래를 미국 달러로 하기로 했고(이때부터 미국 달러는 공식적으로 기축통화가 되었다) 대신 미국 달러는 금 1온스 당 $35.0에 태환하기로 했다. 미국은 달러 공급을 조절해 금의 달러가치를 안정화시키고 금태환이 계속 유지되도록 노력하기로 했다.

미국은 당시 전 세계 금의 3/4을 보유했고, 전후 일본과 유럽의 경기가 회복되면서 미국 상품에 대한 수요가 커져 초기에는 이 시스템이 잘 돌아갔다.

저평가 종목 선택기준 ①과 선택기준 ②에서 영업이익 증가율뿐 아니라 EPS 증가율도 높은 종목을 선택했다. 그런데 영업이익과 EPS 증가율이 높은데 이것이 이미 주가에 반영되어 있으면 어떻게 할까? 이런 경우 그 종목은 저평가된 종목이 아니라고 앞에서 몇 차례 강조했다.

우리가 찾으려는 저평가 종목은 이익신장률이 높으면서 이 호재가 주가에 충분히 반영되어 있지 않은 경우다. 결론적으로 말하면 이익신장률이 높으면서 주가평가 지표인 PER/PBR이 낮은 종목이 저평가 종목이다.

〈16-1〉 세아제강(003030)

		2016	2017F	2018F	2019F
매출액	십억 원	1797.5	2172.0	2305.0	2455.5
영업이익	십억 원	77.2	134.1	161.1	182.0
증감율	%	0	73.7	20.1	13.0
순이익	십억 원	65.1	90.8	115.2	139.3
EPS	원	10,854	15,126	19,207	23,211
증감율	%	42.5	39.4	27.0	20.8
PER	배	8.5	6.8	5.4	4.4
PBR	배	0.4	0.5	0.4	0.4

〈16-1〉은 2017년 9월 중순에 나온 리포트를 저자가 일부 수정했다. 이 리포트를 9월 하순에 읽는다고 하자. 그러면 2017년 추정실적(영

업이익과 EPS 증가율)과 2017년 밸류에이션 지표인 PER와 PBR에 초점을 맞춰야 한다.

세아제강(003030)은 선택조건 ①~②를 충족시켰다. 그러면 먼저 PER를 어떻게 적용할지 생각해보자. PER가 낮으면 저평가된 종목이라고 '10 주가평가 지표 ① PER'에서 언급했다. 따라서 저PER주를 골라야 한다.

 고PER주

기업의 장기 성장성이 저조하면 주가 상승률이 덜하다. 저PER 종목의 경우 장기 성장성이 낮은 경우가 더러 있다. 그러나 저PER 종목 중에 장기 성장성도 양호한데 주가가 오르지 못하는 이유는 아직 주가가 그 종목의 양호한 이익 신장세를 반영하지 못하기 때문이다. 이는 시간의 문제지 언젠가는 반영한다.

한편 '달리는 말에 올라 타라'는 증권 속담이 있다. 주가가 급등하는 종목은 대부분 고PER 종목이다. 고PER 종목의 경우 주가가 급등하면서 시세를 크게 내지만 상투에서 하락할 때는 급락해 리스크가 크다.

필자는 이 책의 투자 꿀팁1에서 '당랑포선'을 언급한 이유는 주식 투자에서 제일 먼저 알아야 할 개념이 리스크이기 때문이다. 또한, 투자 꿀팁2의 '다기망양'을 언급한 이유는 투자자가 투자 원칙을 세워 그 원칙을 충실히 지켜야 한다는 것을 강조하기 위함이었다.

저PER주에 투자한다는 원칙을 세워 이 원칙에 충실해야 한다. 오늘은 저PER주에 투자하고 내일은 고PER주에 투자하면 '다기망양'에서와 같이 양을 잃어버리게 된다.

이 책에서 언급하는 저PER주에의 투자는 필자가 근무했던 영국의 아틀란티스 자산운용만이 아니라 많은 글로벌 기관투자가의 투자 철학이다.

저PER주를 선택하는 첫 번째 절차는 해당 종목의 PER와 시장 PER 와 비교한다. 세아제강(003030)의 2017년 PER는 6.8배다. 그리고 리 포트를 작성한 시점이 2017년 9월 중순이고 이 리포트를 9월 하순이 읽는다고 했다. 투자자가 리포트를 읽을 당시인 9월 하순 시장(코스피) PER 9.5배이었다. 세아제강은 시장보다 PER가 낮아 저PER주의 범주 에 들어간다. 참고로 종목의 PER가 10.0배 아래면 시장 PER 수준에 상관없이 일단 저PER주 요건에 부합한다고 10 주가평가 지표 ① PER 에서 언급했다.

두 번째 절차는 경쟁사 PER와 비교하는 것이다. 그러나 리포트에서 경 쟁사의 PER에 대한 언급이 없다. 따라서 두 번째 판단기준은 생략한다.

세 번째 세아제강(003030)의 PER 밴드를 보고 과거 추이와 비교한 다. 과거 4.5배~17.2배로 평균이 10.8배다. 과거 PER의 평균수준 이 하라서 저PER주 요건을 충족한다.

네 번째는 업종 PER와 비교하는데 리포트에 데이터가 없다. 따라서 이를 생략한다.

결론적으로 세아제강(003030)은 저PER주로서 선택기준 ③을 충족한 다. 그러면 여기서 PBR을 어떻게 적용할까? PBR은 PER와 함께 비교 하고 금융주의 경우 PBR로 저평가 여부를 판단한다고 했다. 세아제강 의 경우 PER가 아주 낮아 PER 지표만으로도 선택기준을 충족한다.

그러나 세아제강의 PER가 시장 PER인 9.5배보다 약간 높은 10.0배라고 한다면 이 경우, PBR이 아주 낮은 수준임을 감안하면 비록 PER가 조금 높더라도 선택조건 ③을 충족하는 것으로 결정할 수 있다.

 과거 PER 추이와 비교

어떤 종목의 과거 PER 추이(PER 밴드)가 25x~40x였는데 리포트 읽을 당시 즉 저평가 종목 여부를 검토할 당시 PER가 30x이었다면 어떨까? 과거 추이로 보면 PER가 낮다. 그러나 이 경우 시장 PER 대비 크게 높아 선택조건에 부합하지 않는다. 즉 고PER주다.

미국의 금태환 신뢰 무너짐

1960년대 들어서서 일본과 유럽의 수출경쟁력이 미국을 추월하기 시작하면서 미국의 국제수지가 악화되기 시작했다. 이는 미국 달러가 일본과 유럽으로 흘러들어 간다는 의미다. 국제수지 악화와 함께 월남전에 들어가는 달러 그리고 대외원조로 미국의 재정수요가 급증했다. 결국 외국에서 보유하고 있는 달러보다 미국의 금 보유량이 적어지면서 미국이 금으로 태환해줄 것이라는 신뢰가 무너졌다.

1971년 미국 금본위제와 결별

1971년 8월 15일 미국의 닉슨대통령은 미국이 외국에 대한 금태환을 정지시킨다고 발표했다.

이는 미국이 금본위제도와 결별한다는 의미다. 앞에서 언급한 바와 같이 당시 미국 달러화는 금시세에 연동되었고 파운드를 비롯한 주요국의 통화는 달러에 연동되었다. 미국이 금본위제도를 포기하자 파운드가 뒤를 이었고 주요 선진국들도 이에 동참했다. 참고로 독일은 미국보다 빠른 5월에 달러 연동을 이미 포기했다.

이후 달러가치 하락

이로써 달러화와 다른 주요국 통화는 시장에서 수요와 공급으로 가격이 결정되게 되었다. 이후 달러화는 마르크와 엔화에 대해 가치가 크게 떨어졌다. 그런데 유가는 달러로 거래되어 산유국의 실질 수입이 감소하는 결과를 초래했다. 산유국이 달러 가치 하락을 빌미로 유가를 몇 차례 인상해 석유파동이 일어났다. 석유파동으로 유가가 급등한 데는 달러가치 하락이 저변에 깔려 있다.

일부 전문가 금본위제 회귀 주장

아직도 일부에서는 금본위제로 돌아가야 한다고 주장한다. 그러나 금본위제에서는 금의 공급이 제한적이어서 경기가 활성화될 경우 이에 합당한 통화 공급을 할 수 없게 된다. 경제성장을 저해하게 된다. 또한 경기침체를 극복하기 위한 정부와 중앙은행의 조치가 불가능하고 과열 경기를 식히는 정부의 정책수단이 없게 된다. 현재 대다수의 경제학자들이 금본위제로의 환원은 불가능하다고 판단하고 있다. 유통되는 화폐량에 비해 금 보유량이 현저히 모자라기 때문이다.

17 저평가 종목 선택기준 ④ 급등주 제외

지금까지 언급한 저평가 종목을 찾는 방법은 첫째, 영업이익이 20% 이상 증가하는 종목을 선택하고, 둘째 이들 종목 중에서 EPS 증가율이 20% 이상인 종목으로 압축하라고 했다. 그리고 세 번째는 압축해서 선택한 종목 중에서 PER가 낮은 종목만 선택하라고 했다. 이런 기준에 부합하지 않는 종목은 애널 리포트에서 '매수'라고 추천했다 하더라도 제외하라고 했다.

3번의 엄선 절차를 거쳐 선택된 종목들에게 마지막 관문이 하나 더 있다. 즉 해당 종목의 주가그래프를 보고 주가가 단기간에 너무 오른 종목은 탈락시키라는 것이다.

주가차트에는 일봉, 주봉, 월봉차트가 있다. 일봉의 경우 일간 단위로 주가를 차트로 표시한 것이다. 일봉차트는 지난 수개월 주가 추이를 보는 데 유익하다. 주봉차트는 주간 단위로 주가를 차트화한 것이다. 한 주일에 봉이 하나, 한 달에 4개가 표시되며 지난 12~18개월 또는 그 이상 기간의 주가 추이를 보는 데 유용하다.

월봉차트는 월간 단위로 주가를 차트화했다. 한 달에 하나, 일 년에 12개 봉이 표시되며 지난 5~10년 또는 그 이상 기간 주가의 장기 추이를 보는 데 유용하다. 이 책에서 종목선택을 할 때는 1~2년 동안의 주가흐름을 보는 데 유용한 주봉차트에만 집중한다.

왜 주봉차트인가?

그런데 일봉차트나 월봉차트가 아니고 왜 주봉차트인가? 저평가 종목을 찾는 데 영업이익과 당기순이익(EPS) 잣대를 사용했다. 더욱이 영업이익과 당기순이익의 연간 증가율 기준을 사용했다. 만일 일봉차트를 사용한다고 가정하자. 연간 실적 움직임을 일간 주가 움직임 잣대로 평가할 수 없다. 월봉차트는 주로 5~10년 주가의 장기 흐름을 평가하는 데 이용된다. 따라서 주봉차트를 사용한다.

개념정리 : 봉차트

봉모양으로 시가, 종가, 최고가, 최저가를 보여준다. 종가가 시가보다 높으면 양봉(붉은색)이고 반대의 경우는 음봉(파란색)으로 표시된다. 양초 모양 같아서 캔들차트라고도 한다.

〈17-1〉은 세아제강(003030)의 주봉차트다.

세아제강 리포트를 9월 하순에 읽는다고 했다. 2016년 10월에서 12월까지 비교적 큰 폭으로 상승했으나 2017년 3월 이후 주가는 횡보하고 있다. 선택기준 ④의 급등주에 해당하지 않는다. 따라서 세아제강은 선택기준 ①~④를 충족하는 종목이다.

〈17-1〉 세아제강(003030) 차트

이동평균선 ■ 5 ■ 20 ■ 60 ▪ 120

최고 117,500

120,000
110,000
100,000
90,000
80,000
70,000
60,000

최저 62,300

2016,05 2016,06 2016,08 2016,09 2016,10 2016,12 2017,01 2017,02 2017,04 2017,05 2017,07 2017,08 2017,09

자료 : 신한금융투자

〈17-2〉는 대한해운(005880) 주봉차트다. 세아제강과 마찬가지로 9월 하순에 리포트를 본다. 2017년 6월 중순 이후 근 석 달 주가가 횡보했다. 그런데 2016년 12월에서 2017년 6월초까지 주가가 16,000원에서 36,000원까지 단기간에 125%나 올랐다. 이는 급등주에 해당한다. 따라서 대한해운(005880)은 선택기준 ①~③은 충족했으나 주가가 단기간 급등해 저평가 종목 후보에서 탈락된다.

〈17-2〉 대한해운(005880) 차트

자료 : 신한금융투자

그렇다면 어느 정도 올라야 너무 올랐다고 할 수 있을까? 여기에 절대적 기준은 없다. 그러나 주봉차트를 봤을 때 2~3배 이상 올랐으면 피하는 것이 좋다. 대한해운의 경우 2017년 9월 하순 기준 수개월 횡보했지만 2016년 12월에서 2017년 6월까지 단기간에 150%나 올랐다. 이 경우 2배에 모자라나 너무 올랐다고 봐야 한다.

필자도 가끔 급등 종목에 투자해 성공한 경우가 있었다. 그러나 이런 경우는 해당 종목에 대해 아주 깊은 지식을 갖고 있어야 한다. 한편, 급등 종목에만 투자하는 노하우가 있다. 이 경우 수익이 나면 아주 크고 손실이 나면 쪽박을 찬다. 그런데 대다수 펀드들이 이런 종목을 피해 안정적인 투자 수익을 올리고 있다는 사실을 알아야 한다.

선택기준 ①~②를 충족하는 종목은 꽤 있는데, ③~④까지 모두 충족하는 종목을 찾기가 쉽지 않다. 이는 회사의 이익이 많이 나면 이를 반영해 주가가 오르기 때문이다. 그러나 투자자는 인내심을 가지고 찾아야 한다.

특히 강세장이 한참 진행된 후에는 이런 현상이 심하다. 필자는 펀드를 운용하면서 선택기준 모두를 충족하는 종목을 찾기가 어려워지면 시장이 과열이라고 생각해 주식 비중을 줄였다. 필자의 펀드에는 40~50개 종목이 있었다. 그런데 개인 투자자는 많아야 3~4개 종목일 것이다. 노력하면 얼마든지 찾을 수 있고 열심히 찾는 투자자에게는 보답이 온다.

투자 꿀팁 17 미국의 소비경제

GDP 구성요소를 통해 국가별 경제구조를 알 수 있다. 미국은 소비가 GDP의 근 70%를 차지하는 소비경제다. 미국이 금융위기를 극복하는 과정에서 연준(연방준비제도 : Fed)의 우선적인 정책목표가 실업률 5% 이하였다. 실업률이 떨어져야 취업자가 늘어나고 이들이 소비를 늘림으로써 GDP가 올라가기 때문이다. 여기서 GDP가 올라간다는 말은 경기가 회복된다는 의미다.

미국이 소비경제다 보니 소비자들이 소득보다 더 많이 쓴다. 국가 전체를 볼 때 미국 국민은 생산하는 것보다 지출이 더 많다. 이 부족분을 수입하는데, 이로 인해 해마다 무역수지가 적자를 기록한다. 즉 상품 수입이 수출보다 많다.

무역수지 적자가 늘면서 부족한 돈을 미국정부가 국채를 발행해 조달한다. 중국과 일본은 엄청난 액수의 미국 국채를 보유하고 있다. 미국과 주요 무역 상대국인 중국 및 일본과의 달러 흐름을 보면 상품 거래로 미국에서 달러가 이들 나라로 유출되고 금융 시장, 즉 채권 시장을 통해 달러가 미국으로 돌아온다.

물론 미국은 이자를 그들 나라에 지급한다.

Chapter 02

실전 연습

실전 연습

　'4단계 저평가 종목을 선택하는 4가지 기준'에서 저평가 후보 종목을 선택했다. 이는 마치 입사시험의 필기시험과 같다고 했다. 이제 면접시험을 통해 입사를 확정하는 것처럼 저평가 후보 종목 중에서 저평가 종목을 선택하는 절차가 남았다.

　필기시험이 면접시험보다 좀 더 정형화되어 있다. 마찬가지로 저평가 후보 종목을 선택하는 절차는 비교적 정형화되어 있는 반면 저평가 종목을 최종 선택하는 절차는 비교적 덜 정형화되어 있다. 이런 이유로 사례를 통해 이를 설명하려 한다.

18 실전 연습을 어떻게 하나?

독자가 Chapter 1을 읽고 '나도 저평가 후보종목을 선택해볼까?'라고 생각할 때 무엇부터 시작해야 할지 모를 것이다. 여기서 실전 연습에 본격적으로 들어가기 전에 저평가 후보 종목과 저평가 종목을 선택하는 프로세스를 소개한다.

프로세스 ① 애널의 종목 리포트 목차를 본다

'14 저평가 종목 선택기준 ① 영업이익 증가율 20% 이상'에서 애널의 종목 리포트를 한경컨센서스, 거래 증권회사의 HTS 또는 네이버 증권에서 보라고 했다. 다시 언급하면 한국경제신문에서 제공하는 한경컨센서스를 검색해 여기에서 '기업 Report'를 본다. 또는 투자자가 구좌를 개설한 증권회사의 HTS나 네이버의 '증권'에 들어가 '투자 전략' – '종목분석 리포트'를 본다.

필자는 실전 연습에서 한경컨센서스와 네이버를 통해 종목 리포트를 보았다.

한경컨센서스 '기업 Report'에 들어가면 〈18-1〉의 목차가 나온다. 지면상 제한으로 5개 종목 리포트만 나타나는데 2017년 10월 17일 하루에도 수십 건의 종목 리포트가 있다. 〈18-1〉 상단에서 종목명을 검색하면 원하는 종목의 리포트를 볼 수 있다.

〈18-1〉 한경컨센서스 목차

〈18-2〉는 네이버의 종목 목차다. 한경컨센서스와 마찬가지로 지면상의 제한으로 2017년 10월 17일이 작성한 수십 건의 리포트 중 일부만 보여준다. 네이버 종목 목차의 하단에서 종목명을 검색하면 원하는 종목 리포트를 볼 수 있다.

〈18-2〉 네이버 종목 목차

종목명	제목	증권사	첨부	작성일
고영	다시 한번 시작된 최초의 역사: MOI 매출 개.. N	미래에셋대우	📄	17.10.17
현대모비스	이익구조 변화 가속 N	미래에셋대우	📄	17.10.17
와이지엔터테인…	참가자뿐만 아니라 YG에게도 중요한 모멘텀 N	하나금융투자	📄	17.10.17
휴비츠	신제품 출시 효과는 이제부터 N	하나금융투자	📄	17.10.17
누산빈프라코어	중국 굴삭기 시장 성장 2~3년 지속 전망 N	하나금융투자	📄	17.10.17
테크윙	날개 달린 실적 N	동부증권	📄	17.10.17
현대미포조선	수주잔고, 증가세로 전환되기 일보 직전! N	케이프투자증권	📄	17.10.17
한진중공업	부동산 덕분에 밸류에이션은 받지만, 본업은 .. N	케이프투자증권	📄	17.10.17
유니테스트	SK하이닉스 성장의 수혜 그리고 자체적인 변.. N	케이프투자증권	📄	17.10.17
대우건설	양호한 실적 이후, 지켜봐야 할 요인 N	케이프투자증권	📄	17.10.17

프로세스 ② 첨부파일을 클릭하여 리포트를 본다

네이버의 경우 개별 종목 리포트가 나오는데 한경컨센서스에서는 개별 종목 리포트 또는 개별 종목이 포함된 산업 리포트가 나오기도 한다. 산업 리포트가 나오면 뒤에 나오는 개별 종목 분석을 우선 찾는다. 왜냐하면 개별 종목 리포트의 수익추정과 밸류에이션 테이블을 보고자 하기 때문이다.

프로세스 ③ 수익추정과 밸류에이션 테이블을 본다

종목 리포트에서 수익추정과 밸류에이션 테이블을 보면서 저평가 종목 선택기준 ①~④를 충족하는지 본다. 우리가 하려는 것은 선택기준을 충족한 종목을 우선 고른 뒤 그 종목에 대해 이것저것 따져보려는 것이다.

목차의 첫 번째 종목의 첨부파일을 클릭한 후 선택기준 ①의 영업이익이 전년 대비 20%가 넘는지 확인한다. 여기서 YOY(전년 대비)를 다시 강조한다. 리포트에 분기별 증감률을 제시하기도 하는데 분기 데이터는 연간 추정치가 어느 정도 현실적인지를 확인하려는 작업이다. 분기 실적이 기대 이상 좋게 나오면 애널은 연간 추정치를 상향 조정한다.

첫 번째 종목의 영업이익 증가율이 20%에 미치지 못하면 다음 종목을 클릭한다. 영업이익 기준에 충족하는 종목이 나오면 선택기준 ②의 EPS 증가율 20% 이상 여부를 확인한다. 두 조건을 충족시키지 못하면 다음 종목을 검색한다.

선택기준 ①~②을 충족하는 종목이 있으면 선택기준 ③의 저PER인지 확인한다. 우선 PER가 10배 이하면 충족된다고 간주한다. 그리고 PER가 15배를 넘으면 고PER라고 간주한다. 이는 필자의 경험에서 나온 것이다. PER 밴드를 통해 과거추이를 비교하는데 과거 PER의 최고, 최저를 평균해 평균 수준을 크게 넘지 않으면 저PER라고 간주한다. 특히 PER가 10배를 넘는 경우 과거 PER와 반드시 비교한다. 물론 리포트에 과거 PER 데이터가 있는 경우다.

선택기준 ①~③을 충족하면 선택기준 ④인 급등주 여부를 확인한다. 이를 충족하면 선택기준 ①~④ 모두를 충족해 저평가 후보종목을 확보하게 된다. 그런데 첫술에 배부를 것으로 기대하지 마라. 20~30개 종목을 클릭해야 하나 찾을 수 있을 수도 있고 아니면 40~50개 종목을 검색해야 하나 건질 수도 있다. 필자는 종목에 대한 기본지식이 있어 첨부파일을 많이 클릭하지 않는다. 투자자도 종목 리포트를 자주 보게 되면 하나 건지는 데 시간이 크게 단축된다.

종목 리포트

종목 리포트는 분석 내용의 심층도에 따라 심층분석 리포트와 업데이트(요약) 리포트로 나눌 수 있다. 심층분석 리포트는 말 그대로 심층분석이므로 분량도 많다. 경우에 따라서는 수십 쪽에 달하기도 한다. 심층분석 리포트를 읽으면 이 기업의 비즈니스가 어떻게 돌아가는지를 자세히 알 수 있다.

반면 업데이트 리포트는 말 그대로 요약본이다. 심층 리포트와는 달리 목차가 없고, 3~5쪽, 길어도 10쪽을 넘지 않는다. 기업의 분기실적이 발표되면 애널리스트는 과거에 발표한 리포트를 업데이트하면서 짧게 요약 리포트를 작성한다.

종목 리포트는 첫째는 개요 부분, 둘째는 수익추정과 밸류에이션 테이블 그리고 셋째는 설명 부분 등 세 부분으로 구성되어 있다.

개요 부분에서는 당일 주가, 시가총액, 애널의 투자 의견, 목표가격 등이 있다. 두 번째의 수익추정과 밸류에이션 테이블은 선택기준 ①~④를 적용하기 위해 보는 수치로 채워진 표다. 셋째 설명 부분에서는 사업 내용을 언급하면서 수익 추정과 밸류에이션 근거를 제시하고 매수 또는 매도의 이유를 밝힌다.

산업 리포트는 특정 산업의 현황을 점검하고 전망하면서 그 산업에 있는 종목들에 대해 투자 의견을 제시한다.

프로세스 ④ 사업보고서를 본다

프로세스 ①~③은 저평가 후보종목을 선택하는 과정이다. 이제 프로세스 ④~⑤를 통해 후보종목 중에서 저평가 종목을 선택한다.

프로세스 ①~③을 통해 고른 저평가 후보종목은 애널리스트의 의견을 100% 받아들여 선택한 것이다. 즉 영업이익 추정치와 EPS 추정치

등 애널이 제시한 수치를 근거로 선택했다. 그러나 애널의 추정이 틀릴 수 있고 제시한 근거가 의미 없을 수도 있다. 따라서 애널의 리포트 중에서 옥석을 가려야 한다. 이를 위해서는 먼저 투자자가 해당 기업(종목)을 알아야 한다. 대부분의 종목 리포트가 업데이트 리포트여서 기업의 사업 내용에 대한 세세한 언급이 없다.

'1단계 사업보고서부터 시작한다'에서 언급한 체크리스트를 통해 해당 기업의 사업 내용을 알아본다.

프로세스 ⑤ 투자 포인트를 찾는다

애널은 리포트를 통해 왜 이 종목을 매수해야 하는지 아니면 매도해야 하는지 설명한다. 여기서 애널이 주장하는 투자 포인트를 투자자 자신이 검증해야 한다.

건설회사의 경우를 보자. 애널은 아파트 경기가 계속 좋아 건설회사의 영업이익이 전년 대비 30% 늘어나고 순이익도 25% 증가한다고 추정했다. 저평가 종목 선택기준 ①~④는 아파트 경기의 낙관적인 애널의 판단을 근거로 저평가 후보 종목으로 선정했다.

그런데 과연 아파트 경기가 계속 좋을까 하는 판단을 투자자 스스로 내려야 한다. 통상 아파트 경기가 과열되면 정부가 규제하기 시작한다. 과거 경험으로 보면 정부가 규제를 하더라도 아파트 값은 더 오르는 경우가 있었던 반면 정부 규제에 민감하게 반응하는 때도 있었다. 그러면 이번에는 어떤 경우라는 것을 투자자가 판단해 애널과 같은 의견이면 매수하고 의견이 틀리면 매수하지 말아야 한다.

여기에서 투자 포인트는 '정부 규제로 아파트 시장의 과열국면이 진정될까 아니면 당분간 지속될까?'다. 업종별로 종목별로 그리고 경제상황과 주가흐름에 따라 투자 포인트가 다를 수 있다.

19 실전 연습 ① 풍산(103140)

실전 연습에서는 3단계로 진행하는데 1단계는 선택기준 ①~④ 충족 여부, 2단계는 사업보고서를 통한 기업의 내용 점검, 그리고 3단계는 투자 포인트 찾기다.

(1) 1단계 : 선택기준 ①~④ 충족 여부

실전 연습 ①은 동 제조업체인 풍산(103140)이다. 〈19-1〉은 2017년 9월 29일 나온 리포트를 저자가 일부 수정했다. 9월 28일 주가는 51,100원이었다.

<19-1> 풍산(103140)

구분	단위	2016	2017F	2018F	2019F
매출액	십억 원	2,832	2,980	3,253	3,495
영업이익	십억 원	218	285	335	365
증감율	%	96.4	30.7	17.5	8.9
순이익	십억 원	138	208	234	253
EPS	원	4,912	7,443	8,371	9,034
증감율	%	166.8	51.5	12.5	7.9
PER	배	8.2	6.7	6.0	5.5
PBR	배	0.9	1.0	0.9	0.8

풍산 리포트를 2017년 10월 초에 투자자가 저평가 종목을 찾기 위해 한경컨센서스의 기업 리포트 목차에서 첨부파일을 클릭해본다고 가정하자. 풍산은 12월 결산법인임에 따라 2017년 실적을 2018년 3월 말에 공시한다. 따라서 2017년 추정치가 주가에 가장 민감하다.

2017년 영업이익 증가율(YOY)이 30.7%로 20%를 상회하고 EPS 증가율 또한 51.5%로 20%를 훨씬 상회한다. PER 또한 6.7배로 10배보다 훨씬 아래다. 이런 점에서 풍산(103140)은 선택기준 ①~③을 충족하고 있다.

<19-2>는 풍산의 주봉차트다. 2017년 9월 하순 기준 1년 반 사이에 주가는 100% 올랐다. 기간이 비교적 길었던 점을 감안하면 주가는 올랐으나 급등주는 아니다. 따라서 선택기준 ④도 충족해 풍산(103140)은 저평가 후보 종목이다.

〈19-2〉 풍산(103140) 챠트

자료 : 신한금융투자

(2) 2단계 : 사업보고서를 통한 기업 내용 점검

풍산 리포트는 업데이트 리포트다. 풍산의 사업구조가 어떤지에 대해 별다른 언급이 없다. 따라서 투자자 스스로가 풍산의 사업 내용을 알아 봐야 한다. 이제 '03 체크리스트를 이용해 사업보고서를 쉽게 본다'에서 했던 것처럼 체크리스트를 이용해 풍산의 사업 내용을 알아본다.

체크리스트1 : 매출구성

〈19-3〉에서 보는 바와 같이 풍산의 사업부문은 크게 2가지로 나눈 다. 하나는 신동부문이고 다른 하나는 방산부문이다. 신동부문은 원자 재인 전기동으로 동 및 동합금 판/대, 봉/선, 소전 등 비철금속 소재 를 생산 판매하는 사업이다. 한편 방산부문은 탄약을 생산 판매한다. 2017년 반기 기준 신동부문이 전체 매출의 65% 정도 차지하고 방산이 35%를 차지했다.

요약 신동이 65% 그리고 탄약 매출이 35%를 차지한다.

〈19-3〉 매출구성

(단위 : 백만 원)

사업부문	매출유형	품목	용도	주요상표	2017년 반기 매출액	비율
신동부문	제품 등	판·대 (반도체소재 포함)	산업용 소재	POONGSAN	505,634	47.5%
		관	산업/건축	〃	-	-
		봉·선	〃	〃	79,419	7.4%
		소전	주화	〃	73,978	6.9%
		기타	주조, 기와, 스크랩 등	〃	39,064	3.7%
방산부문	제품 등	군용탄, 스포츠탄	국가방위산 업, 레저용	POONGSAN, PMC	367,060	34.5%
합계					1,065,155	100%

자료 : 2017년 풍산 반기보고서

체크리스트2 : 수출 비중

반기 매출액 합계 1조 651억 원에서 수출이 5,841억 원으로 54.8%를 차지했다.

〈19-4〉수출 비중 (단위 : 백만 원)

사업부문	매출유형	품목	2017년 반기	
			중량	금액
신동부문 총계		수출	55,445	430,688
		내수	46,678	267,407
		합계	102,123	698,095
방산부문		수출	-	153,433
		내수	-	213,627
		합계	-	367,060
합계		수출	55,445	584,121
		내수	46,678	481,034
		합계	102,123	1,065,155

자료 : 2017년 풍산 반기보고서

요약 수출 비중은 55%다.

체크리스트3 : 매출처

사업보고서의 사업의 내용에 매출처에 대해 언급하지 않았다. 그러나 신동을 사용하는 산업을 열거했는데, IT, 반도체, 자동차 그리고 건설 등 분야에서 사용한다. 방산의 경우는 중대구경 위주의 탄약인데, 사업의 내용에서 언급하지는 않았지만 매출처는 정부로 추정할 수 있다.

요약 신동의 소비처는 IT, 반도체, 자동차 그리고 건설 등의 분야이고, 방산의 고객은 각국 정부다.

풍산의 신동부문 주력제품인 동 판/대(IT, 반도체, 자동차 산업이 주 수요처)의 국내시장에서 점유율이 50% 수준이다.

요약 동 판/대의 국내시장 점유율이 50% 수준이다.

2017년 1~6월 사이 수출과 내수의 판매단가는 각각 15.2%, 8.5% 올랐다.

〈19-5〉 제품단가
(단위 : 원/kg)

회사명(금액단위)	품목		2017년 반기	2016년
	판 · 대	수출	7,875	6,835
		내수	5,572	5,136

자료 : 풍산 2017년 반기보고서

같은 기간 원자재인 전기동 가격은 국내와 수입이 각각 18.4%, 18.2% 상승했다.

〈19-6〉원자재가격

(단위 : US$/MT)

구분		2017년 반기	2016년
전기동	국내	6,935	5,855
	수입	5,749	4,863

요약 2017년 1~6월 원자재인 전기동가격과 제품가격이 견조한 상승세를 보였다.

체크리스트6 : 설비 투자

신동과 방산부문의 설비 신설과 보완을 위해 600억 원 정도 투자가 진행 중이다.

요약 600억 원 정도의 설비 투자가 진행 중이다.

체크리스트7 : 신제품과 신규사업

가까운 장래에 회사의 손익에 영향을 미칠만한 신제품 또는 신규사업이 없다.

요약 신제품과 신규사업이 없다.

체크리스트8 : 계열회사

풍산의 주요 종속회사로 미국의 PMX Industries Inc(100%), Poongsan America Corporation(100%) 그리고 태국의 Siam Poongsan Metal(100%) 등 3곳이 있다.

요약 PMX 등 100% 지분을 소유한 3곳의 종속회사가 있다.

사업 내용 요약해보기

전체 매출에서 신동이 65% 그리고 탄약이 35%를 차지하며 수출 비중은 55%다. 신동의 소비처는 IT, 반도체, 자동차 그리고 건설 등 분야이고 방산의 고객은 각국 정부다. 그리고, 동 판/대의 국내시장 점유율이 50% 수준이다.

2017년 1~6월 원자재인 전기동 가격과 제품 가격이 견조한 상승세를 보였으며 600억 원 정도의 설비 투자가 진행 중이다. 신제품과 신규 사업 없고 PMX 등 100% 지분을 소유한 3곳의 종속회사가 있다.

(3) 3단계 : 투자 포인트 찾기

리포트의 설명 부분을 요약하면 다음과 같다.

> 1. 2017년 3분기 영업이익이 급증하는데, 동 가격 상승으로 신동부문 영업이익이 크게 늘어나기 때문이다.
> 2. 4분기의 동 제품 가격이 3분기보다 높아 4분기 영업이익이 3분기보다 더 많다.
> 3. 장기적으로 전기차 수혜주다.

풍산과 같은 동 제조업체, 철강회사, 정유회사 등은 일반적으로 원자재 값이 오르면 제품 값도 인상되어 수익이 좋아진다. 이들 회사는 수 개 월 사용할 원자재 재고를 가지고 있다. 따라서 원자재 값이 오르면 재고로 갖고 있는 싼 원자재가 투입되고 제품 가격은 올라 마진이 늘어난다. '체크리스트5 : 판매 단가와 원자재 가격 추이'에서 원자재와 제품 가격이 상승한 사실을 확인했다.

이제 투자 포인트를 찾아보자. 이렇게 자신에게 질문을 던진다. 이는 풍산뿐 아니라 모든 종목에 해당된다.

영업이익이 크게 늘어나는 모멘텀은 무엇인가?

애널은 설명부문에서 동 가격 상승으로 영업이익이 크게 늘어났고 앞으로도 그럴 것이라고 언급했다. 결국 향후 동 가격 추이가 영업이익에 결정적인 영향을 주며 이는 주가 등락에 직결된다.

✓투자 포인트 향후 동 가격이 어떻게 될 것인가?

투자 전략 ① 동 제품 산업을 점검한다

향후 동 가격이 어떻게 될 것인가가 투자 포인트다. 그런데 동 가격 추이를 알아보는 것이 마치 향후 주가 추이를 예상하는 것만큼 어렵다.

동 제품 산업을 점검한다. 풍산 리포트는 업데이트 리포트라 향후 동 가격 추이에 대한 심층적 분석이 없다. 이 경우 산업 리포트를 찾아 읽어보면 큰 도움이 된다. 〈19-7〉은 한경컨센서스에서는 산업이 비철금속이다. 검색하면 산업 리포트가 나온다.

〈19-7〉 한경컨센서스 산업

〈19-8〉은 네이버의 산업은 철강금속이다. '네이버-증권-투자 전략-산업분석 리포트'에서 산업분석 리포트 목록 하단부에 원하는 업종 찾기 검색창이 있다.

〈19-8〉 네이버 산업분석 리포트

개인 투자자가 전문가와 같은 노력을 해야 하나요?

이 글을 읽는 일부 독자들은 여기서 너무 어렵다는 생각을 할 것이다. 종목 하나 선택하는 데 종목 리포트와 사업보고서를 읽어야 하고 여기에 산업분석 리포트에까지 시간 투자를 해야 한다고 생각하면 엄두가 나지 않을 수 있다. 그러나 산업 리포트를 한번 보면 그만큼 지식이 쌓인다는 사실을 알아야 한다. 다음에 철강주를 검토할 때는 훨씬 쉬워진다.

주식 투자에서 성공하려면 종목과 산업을 알아야 한다. 펀드매니저는 전 산업에 대해 정통해야 하지만, 개인 투자자는 몇 개의 산업만 알면 된다. 개인 투자자가 투자하는 종목은 몇 개에 불과하기 때문이다.

투자 전략 ② 향후 동 가격이 하락할 경우 리스크 크기가 어느 정도인가?

애널은 향후 동 가격이 강세일 것으로 판단했지만 만일 그렇지 않을 경우 풍산을 매수해서 떠안아야 하는 리스크는 어느 정도인지 점검해야 한다.

풍산과 종속회사 모두 동 제품 생산 판매 회사들이다. 따라서 종목 풍산(103140)은 동 가격 등락에 의한 리스크가 아주 크다. 주가는 지난 1년 반 사이 동 가격 상승에 힘입어 100% 올랐다. 만일 동 가격이 하락한다면 주가는 큰 폭으로 떨어질 것이다.

투자 전략 ③ 향후 동 가격 추이에 대해 확신이 없으면 풍산을 매수하지
말아야 한다

산업보고서를 읽는다 해서 동 가격 추이에 확신을 갖기가 쉽지 않을
것이다. 그러나 글로벌 경제상황 등에 따라 다르기에 어떤 경우는 일반
인도 전망을 할 수 있다. 그런데 투자자가 향후 동 가격에 대한 확신이
없다면 동 가격 하방 리스크가 너무 커 이 종목을 매수하지 말아야 한다.

20 ┃ 실전 연습 ② 제주항공(089590)

(1) 1단계 : 선택기준 ①~④ 충족 여부

실전 연습 ②는 저비용항공사(Low Cost Carrier : LCC)인 제주항공
(089590)이다. 〈20-1〉은 2017년 10월 13일에 나온 리포트를 저자가
일부 수정했다. 10월 13일 주가는 34,850원이었다.

〈20-1〉 제주항공(089590)

구분	단위	2016	2017F	2018F	2019F
매출액	십억 원	748	988	1,215	1,440
영업이익	십억 원	58	98	115	127
증감율	%	13.7	70.0	17.3	10.4
순이익	십억 원	53	86	99	107
EPS	원	2,038	3,264	3,749	4,059
증감율	%	(0.7)	60.2	14.9	8.3
PER	배	12.3	10.7	9.3	8.6
PBR	배	2.4	2.7	2.1	1.8

제주항공 리포트를 2017년 10월 중순 투자자가 저평가 종목을 찾기 위해 한경컨센서스의 기업 리포트 목차에서 첨부파일을 클릭해본다고 가정하자. 제주항공은 12월 결산법인임에 따라 2017년 실적을 2018년 3월 말에 공시한다. 따라서 2017년 추정치가 주가에 가장 민감하다.

2017년 영업이익 증가율(YOY)이 70.0%로 20%를 상회하고 EPS 증가율 또한 60.2%로 20%를 훨씬 상회한다. PER 또한 2017년 10.7배, 2018년 9.3배로 낮다(PER가 10배 아래면 저평가 종목이란 점을 상기하자). 이런 점에서 제주항공(089590)은 선택기준 ①~③을 충족하고 있다.

〈20-2〉는 제주항공의 주봉차트다. 2017년 1월 24,000원 수준에서 2017년 6월 4만 원을 넘긴 후 35,000원 수준으로 하락해 급등주가 아니다. 따라서 선택기준 ④도 충족해 제주항공(089590)은 저평가 후보 종목이다.

〈20-2〉 제주항공(089590) 챠트

자료 : 신한금융투자

(2) 2단계 : 사업보고서를 통한 기업 내용 점검

'03 체크리스트를 이용해 사업보고서를 쉽게 본다'에서 했던 것처럼 체크리스트를 이용해 제주항공의 사업 내용을 알아본다.

체크리스트1 : 매출구성

2017년 1~6월 기준 여객이 전체 매출의 96.6%를 차지했고 국제선과 국내선이 전체 매출에서 차지하는 비중은 각각 71.3%와 22.5%였다.

〈20-3〉 제주항공 매출구성   (단위 : 백만 원)

품목		2017년 반기	2016년 반기	2016년	2015년
여객	국내	105,206	95,269	202,864	199,120
	국제	333,899	218,098	494,426	371,153
	기타	13,359	11,666	28,021	19,581
	소계	452,464	325,033	725,311	589,854
화물	국제	2,521	2,140	4,725	4,402
기타	기내판매 등	13,216	8,084	17,578	13,803
합계		468,201	335,258	747,613	608,059

자료 : 제주항공 2017년 반기보고서

요약 매출의 대부분이 여객으로부터 나오고 전체 매출에서 국제선과 국내선 비중이 각각 71.3%와 22.5%다.

체크리스트2 : 수출 비중

항공회사의 경우 수출 비중은 의미가 없다.

체크리스트3 : 매출처

항공권을 일반 대중에게 판매한다.

체크리스트4 : 경쟁사와 시장점유율

국내 LCC의 경우 8개의 항공사가 있는데 제주항공이 가장 큰 항공사이며 국내선의 경우도 점유율 14%로 가장 높다.

체크리스트5 : 판매단가와 원자재 가격 추이

항공사의 비용 중에서 큰 부분을 차지하는 항공유가 2017년 1~6월 국내와 해외 각각 18.6%와 17.1% 올랐다.

〈20-4〉 제주항공 항공유 가격변동 추이   (단위 : US Cents / US Gallon)

구분		2017년 반기 (제13기)	2016년 반기 (제12기)	2016년 (제12기)	2015년 (제11기)
항공유	국내	171.47	110.76	144.62	148.76
	해외	190.48	164.00	162.65	199.00

자료 : 제주항공 2017년 반기보고서

판매단가, 즉 티켓 단가에 대해서는 사업의 내용에서 언급이 없다.

체크리스트6 : 설비 투자

항공사의 설비 투자는 곧 여객기 보유 대수를 늘리는 것이다. 사업의 내용에서 여객기 보유 대수에 대한 언급은 없다. 그러나 〈20-5〉의 생산능력이 보유 대수를 다른 개념으로 산출한 방식이다.

〈20-5〉 제주항공 생산능력

(단위 : 여객-백만인km, 금액-백만 원)

사업부문	품목	2017년 반기		2016년 반기		2016년		2015년		비고
		수송	금액	수송	금액	수송	금액	수송	금액	
항공운송사업	국내선 여객	1,094	109,828	1,129	103,659	2,349	219,648	2,168	216,637	–
	국제선 여객	6,500	373,525	4,409	258,058	9,906	570,238	7,629	440,582	–
합계		7,594	483,353	5,538	361,717	12,255	789,996	9,815	657,218	–

자료 : 제주항공 2017년 반기보고서

여기서 생산능력이란 ASK(Available Seat Kilometer)인데 전체 의자 수에 킬로미터를 곱한 개념이다. 단위로 '백만인km'를 쓴다. 공급 측면의 개념이다.

〈20-5〉에서 '수송'이 ASK다. 국내선에서는 증가율이 미미한데, 국제선은 급격하게 늘어났다. 이는 새 비행기를 들여다가 국제선에 투입했다는 의미다.

〈20-6〉은 생산실적으로 '수송'이 RPK(Reserved Passenger Kilometer)다. 이는 탑승자 수에 km를 곱한 수치다. 제조업 기준으로 생산실적에 해당한다. 수요 측면의 개념이다.

한편 Yield는 km당 운임을 말하는데, RPK에 Yield를 곱하면 매출액이 나온다. Yield가 높아지면 회사의 매출과 이익이 늘어나는데, 운임이 인상되거나 비즈니스 또는 1등석의 판매가 많아지면 Yield가 오른다.

⟨20-6⟩ 제주항공 생산실적

(단위 : 백만인km, 백만 원)

사업부문	품목	2017년 반기		2016년 반기		2016년		2015년		비고
		수송	금액	수송	금액	수송	금액	수송	금액	
항공운송사업	국내선 여객	1,043	105,206	1,036	95,269	2,164	202,864	2,003	199,120	-
	국제선 여객	5,679	333,899	3,679	218,098	8,443	494,426	6,354	371,153	-
합계		6,722	439,105	4,714	313,367	10,607	697,290	6,357	570,273	-

자료 : 제주항공 2017년 반기보고서

Load Factor(L/F)가 있다. 이는 제조업의 가동률과 같은 개념이다. 가동률이 오르면 매출액과 이익이 늘어난다. L/F는 RPK/ASK를 퍼센트로 표시한다. 2017년 반기기준 국내선과 국제선의 L/F는 95.3%와 87.4%였다.

앞에서 언급한 용어는 항공업 분석에서 반드시 알아야 하는 개념이다. 영문으로 표기하며 전년 또는 전기 대비 증감이 의미를 갖는다.

요약 국제선의 공급이 크게 늘었다.

체크리스트7 : 신제품과 신규사업

신규사업이 없다.

체크리스트8 : 계열회사

종속회사나 관계회사가 없다.

매출의 대부분이 여객으로부터 나오고 전체 매출에서 국제선과 국내선 비중이 각각 71.3%와 22.5%다. 국내 LCC의 경우 8개의 항공사가 있는데, 제주항공이 가장 큰 항공사이며 국내선의 경우도 점유율 14%로 가장 높다. 항공사의 비용 중에서 큰 부분을 차지하는 항공유가 2017년 1~6월 국내와 해외 각각 18.6%와 17.1% 올랐다. 그리고 국제선의 공급이 크게 늘었다.

참고로 제주항공의 노선을 보면 국내선의 경우 제주-김포, 제주-김해, 제주-청주, 제주-대구, 김포-김해 그리고 제주-광주를 운항한다. 그런데 사업보고서의 사업의 내용에서 국제선의 출항지에 대한 언급이 없어 제주항공의 홈페이지에 들어가 노선을 확인했다. 국제선의 경우 일본, 동남아, 중국, 대양주(괌, 사이판) 등 아시아 지역의 25개 도시 및 휴양지를 운항한다.

(3) 3단계 : 투자 포인트 찾기

리포트의 설명 부분을 요약하면 다음과 같다.

1. 국내선 Capacity 부족으로 운임이 상승했고 아웃바운드 수요 중심으로 성장을 지속해 유류비 상승에도 불구하고 2017년 3Q 매출과 영업이익 호조 예상

2. 항공기 대수는 2016년 26대, 2017년 32대 그리고 2018년 40대 예상된다. 이에 따라 국제선 ASK가 2016년 30%에서 2017년 40% 늘어날 것으로 예상

3. 탄탄한 아웃바운드 수요로 RPK도 2016년 33%에서 2017년 41%로 증가하고 L/F는 2016년 85%에서 2017년 소폭 늘어난 85.4% 예상되어 2017년 영업이익 큰 폭으로 늘어난다.

리포트는 2017년 3분기 예상 실적을 추정한 것으로 2018년 전망에 대해 구체적인 내용이 없다. 이런 이유로 필자는 다른 리포트를 찾아보 았는데 그들 리포트도 2018년 전망에 대한 설명이 부족했다. 다만 다른 리포트에서는 유가가 배럴 당 10$ 상승하면 제주항공의 연간 영업 비용이 250~300억 원 늘어난다고 분석했다.

이제 투자 포인트를 찾아보자. 이렇게 자신에게 질문을 던진다. 이는 제주항공뿐 아니라 모든 종목에 해당된다.

영업이익이 크게 늘어나는 모멘텀은 무엇인가?

탄탄한 아웃바운드 수요에 대응하기 위해 항공기를 새로 도입하면 서 ASK가 크게 증가하고 RPK 또한 눈에 띄게 늘어난다. 이로 인해 Capacity가 크게 늘어나도 2017년 L/F는 여전히 높은 수준을 유지한 다. 다만, 2018년에는 지속적인 Capacity 증가로 영업이익 증가세가 주춤할 것이다.

✓ 투자 포인트 국제선 매출의 고성장이 지속될 것인가?

투자 전략 ① 고성장의 전제조건을 어떻게 평가하느냐가 관건

고성장을 지속하기 위해서는 첫째, 아웃바운드 여행객이 계속 늘어 나야 하고 둘째, 제주항공이 LCC 가운데 최고의 경쟁력을 지속적으로 유지해야 한다. 쉽게 말하면 내국인이 해외여행을 갈 때 항공료가 저렴 한 LCC를 더 이용할 것인지, 그리고 이 경우 다른 LCC보다 얼마나 더 제주항공을 이용할 것인지가 관건이다.

투자 전략 ② 산업 리포트를 본다

LCC 전망과 제주항공의 경쟁력에 초점을 맞춘다.

투자 전략 ③ 리스크 요인

앞에서 제주항공의 경우 유가가 배럴당 10$ 오르면 연간 250~300억 원의 영업비용이 발생한다고 했다. 반대로 유가가 10$ 하락하면 그만큼의 영업이익이 발생한다는 의미다. 유가가 비교적 큰 폭으로 변하면 주가에 주는 영향도 클 것이다.

 ### 업데이트 리포트의 한계

필자는 실전 연습 사례를 위해 먼저 한경컨센서스와 네이버 종목분석 리포트의 첨부파일을 검색해서 수익추정과 밸류에이션 테이블을 먼저 보았다. 앞에서 언급한 저평가 종목 선택 프로세스 ①~③ 과정이다.

수익추정과 밸류에에션 테이블에서 저평가 선택기준을 충족하는 종목에 대한 십여 개의 리포트를 준비했다. 그리고 이들 리포트의 설명 부분을 읽었다. 이미 언급했듯이 설명 부분은 수익추정이 왜 그렇게 되는지 근거를 제시하기 때문이다.

그런데 이들 리포트 중에서 상당수가 분기실적 업데이트에만 치중하고 테이블에서 제시된 연간 영업이익의 근거에 대한 설명이 미흡했다. 필자조차도 그런 리포트를 보고 투자 판단을 할 수 없었다.

이것이 업데이트 리포트의 한계다. 그런 리포트는 투자자가 투자 판단을 하는 데 도움을 줄 수 없다. 그러나 인내심을 가지고 다른 리포트를 찾아보아야 한다. 업데이트 리포트이지만 투자 판단에 도움이 되는 충실한 리포트가 있다.

(1) 1단계 : 선택기준 ①~④ 충족 여부

실전 연습 ③은 부동산 신탁회사인 한국자산신탁(123890)이다. 〈21-1〉은 2017년 10월 13일에 나온 리포트를 저자가 일부 수정했다. 10월 13일 주가는 8,480원이었다.

〈21-1〉 한국자산신탁(123890)

구분	단위	2016	2017F	2018F	2019F
매출액	십억 원	136	211	246	275
영업이익	십억 원	96	156	177	200
증감율	%	65.5	62.5	13.5	13.0
순이익	십억 원	73	119	136	153
EPS	원	861	1,278	1,453	1,632
증감율	%	49.9	48.5	13.7	12.4
PER	배	9.6	6.6	5.8	5.2
PBR	배	1.7	1.6	1.3	1.1

한국자산신탁(123830) 리포트를 2017년 10월 중순 투자자가 저평가 종목을 찾기 위해 한경컨센서스의 기업 리포트 목차에서 첨부파일을 클릭해본다고 가정하자. 한국자산신탁은 12월 결산법인임에 따라 2017년 실적을 2018년 3월 말에 공시한다. 따라서 2017년 추정치가 주가에 가장 민감하다.

2017년 영업이익 증가율(YOY)이 62.5%로 20%를 상회하고 EPS 증가율 또한 48.5%로 20%를 훨씬 상회한다. PER 또한 6.6배로 낮다. 이런 점에서 한국자산신탁(123830)은 선택기준 ①~③을 충족하고 있다.

〈21-2〉는 한국자산신탁의 주봉차트다. 2017년 10월 기준 지난 1년 반 사이에 8,000~10,000원 사이에서 횡보해 급등주가 아니다. 따라서 선택기준 ④도 충족해 한국자산신탁(123890)은 저평가 후보 종목이다.

〈21-2〉 한국자산신탁 차트

자료 : 신한금융투자

(2) 2단계 : 사업보고서를 통한 기업 내용 점검

'03 체크리스트를 이용해 사업보고서를 쉽게 본다'에서 했던 것처럼 체크리스트를 이용해 한국자산신탁의 사업 내용을 알아본다.

⟨21-3⟩ 한국자산신탁 매출구성 (단위 : 백만 원)

구분	제17기 2분기	제16기	제15기
토지신탁	64,959	77,927	44,036
관리신탁	78	237	437
처분신탁	71	348	1,309
담보신탁	1,829	2,560	5,496
분양관리신탁	1,237	2,165	3,451
대리사무	2,095	5,448	4,261
기타	2,118	7,503	3,170
계	72,388	96,188	62,159

자료 : 한국자산신탁 2017년 반기보고서

토지신탁은 토지 소유자를 대신해 토지를 개발, 관리하고 그 이익을 토지 소유자에게 돌려주는 제도인데 당사는 서비스의 대가로 수수료를 받는다. 부동산 신탁 유형으로 신탁재산의 처분 방식에 따라 분양형·임대형 토지신탁으로 분류되며, 건설자금 조달책임 부담의 유무에 따라 차입형·관리형 토지신탁으로 분류된다.

신탁 수주액은 평균적인 공사기간인 3~4년에 걸쳐 영업수익(제조업의 매출액)으로 인식된다. 2016년 신탁 수주액은 2,310억 원이었는데 이중 77.5%인 1,792억 원이 차입형 신탁수주였다. 차입형 신탁은 회사가 자금을 조달해 공사하기 때문에 수주가 늘어나면 회사의 차입금이 늘어난다. 2016년 기준 11개 부동산 신탁회사의 영업수익을 보면 수수료수익이 76% 그리고 이자수익이 13%를 차지했다.

〈21-3〉에서 2017년 1~6월 토지신탁이 전체 영업수익(매출액)의 89.7%를 차지했다. 그리고 앞에서 언급한 바와 같이 토지신탁 중에서 차입형 신탁이 주류를 이루고 있어 한국자산신탁의 사업의 내용을 이해하는 데 차입형 신탁에만 초점을 맞추면 된다.

요약 토지신탁이 전체 영업수익의 90% 수준을 차지한다.

체크리스트2 : 수출 비중

수출이 없다. 전형적인 내수기업이다.

체크리스트3 : 매출처

불특정 다수가 매출처다.

체크리스트4 : 경쟁사와 시장점유율

당사는 11개 부동산 신탁회사 중에서 외형 기준으로 한국투자신탁(시장점유율 : 21%)에 이어 15%의 점유율로 2위의 회사다.

요약 업계 2위의 회사다.

체크리스트5 : 판매단가와 원자재 가격 추이

체크리스트로서 의미가 없다.

체크리스트6 : 설비 투자

체크리스트로서 의미가 없다.

체크리스트7 : 신제품과 신규사업

'도시정비사업'과 '기업형 민간 임대주택사업'을 신규사업으로 추진하고자 한다.

체크리스트8 : 계열회사

당사가 100% 지분을 보유한 종속회사로 한국자산캐피털(비상장)이 있다.

사업 내용 요약해보기

토지신탁이 전체 영업수익의 90% 수준을 차지하며 업계 2위의 회사다. '도시정비사업'과 '기업형 민간 임대주택사업'을 신규사업으로 추진하고자 하며 당사가 100% 지분을 보유한 종속회사로 한국자산캐피털(비상장)이 있다.

(3) 3단계 : 투자 포인트 찾기

리포트의 설명 부분을 요약하면 다음과 같다.

사업보고서나 리포트에서 현재 진행 중인 공사현장과 판매 중인 물건에 대한 언급이 없다. 정부의 부동산 시장 규제가 당사에 어떤 영향을 줄까 생각할 때 회사가 어떤 형태의 부동산을 보유하고 있는지 알아야 한다.

이것을 알기 위해 회사의 홈페이지에 들어가니 분양물건 리스트가 나왔다. 상당량의 분양물건이 있는데 오피스텔, 아파트 등 공동주택이 주류를 이루고 있었다. 서울지역은 한 건도 없었고 수도권도 그리 많지 않았다. 대다수 분양물건이 지방소재 오피스텔과 공동주택이었다.

〈21-4〉 한국자산신탁 분양물건 중 일부

사진	건축명	소재지	종류
	보미 더 리즌타워	경상북도 구미시 임수동 92-14번지	오피스텔 근린생활시설
	광주 첨단 금호어울림 더테라스	광주광역시 광산구 비아동 756-1번지 일원	공동주택 (테라스하우스)
	사천KCC스위첸	경상남도 사천시 정동면 예수리 341-1번지 외	공동주택 근린생활시설
	삼송 원흥역 푸르지오 시티	경기도 고양시 덕양구 원흥동 623번지	오피스텔 근린생활시설
	제주 서귀포 일성 트루엘	제주특별자치도 서귀포시 서귀동 486-1, 26, 6, 21번지	오피스테이

자료 : 한국자산신탁 홈페이지

회사의 홈페이지

사업보고서 또는 애널 리포트에서 찾을 수 없는 정보는 회사의 홈페이지에서 찾는다. 특히 어떤 상품을 판매하는지는 중요하다. 이는 투자 포인트를 알아내고 투자 전략을 수립하는 데 결정적 역할을 한다.

이제 투자 포인트를 찾아보자. 이렇게 자신에게 질문을 던진다. 이는 한국자산신탁뿐 아니라 모든 종목에 해당된다.

영업이익이 크게 늘어나는 모멘텀은 무엇인가?

아파트와 오피스텔 시장 호황을 배경으로 회사가 차입형 토지신탁 업무를 급격하게 늘리면서 수수료와 이자수익이 크게 늘었다.

투자 포인트 정부의 부동산 시장 안정화 정책이 지방 오피스텔(아파트) 시장에 어떤 영향을 줄까?

투자 전략 ① 정부 조치가 부동산 시장에 어떤 영향을 미칠 것인가?

부동산 시장이 과열현상을 보이면 정부가 나서 규제하기 시작한다. 과거 경험으로 보면 정부규제로 시장이 바로 영향을 받는 경우와 지속적인 규제에도 불구하고 부동산 가격이 계속 오르는 경우도 있었다. 결국 부동산 시장에는 금리 등 경제 펀더멘털이 중요한 변수로 작용했다.

투자 전략 ② 정부규제에 따른 수도권 아파트 시장, 지방의 대단지 아파
트 시장 그리고 지방의 소규모 오피스텔(아파트) 시장으로
구분해 효과를 점검한다.

앞의 세 종류의 시장에서 지방의 소규모 오피스텔(아파트) 시장이 정
부 규제에 가장 취약하다고 볼 수 있다.

투자 전략 ③ 리스크 요인

당사의 신탁계정대(자금공여)가 급증하고 있다. 만일 지방의 소규모
오피스텔(아파트) 시장이 얼어붙는다면 애널의 판단과는 달리 회사의
유동성 리스크가 심각해질 수 있다.

22 실전 연습 ④ JB금융지주(175330)

(1) 1단계 : 선택기준 ①~④ 충족 여부

실전 연습 ④는 JB금융지주다. 〈22-1〉은 2017년 9월 25일 나온 리
포트를 저자가 일부 수정했다. 9월 25일 주가는 5,860원이었다.

〈22-1〉 JB금융지주(175330)

		2016	2017	2018	2019
영업이익	십억 원	252.7	321	352.1	375.4
순이익	십억 원	201.9	244.5	267.4	287.2
EPS	원	918	1,101	1,204	1,293

증감율	%	24.4	20	9.4	7.4
PER	배	6.3	5.3	4.9	4.5
PBR	배	0.4	0.4	0.4	0.4

　은행, 보험 그리고 지주회사 등의 첫 계정과목은 매출액이 아니고 영업수익 또는 영업이익이다. 은행의 영업이익은 중요하지 않다. 왜냐하면 영업이익 계정과목 아래에 있는 대손충당금 전입액(대손상각비) 규모에 따라 순이익이 크게 달라지기 때문이다. 따라서 은행의 경우 저평가 종목 선택기준 ①의 영업이익 증가율 20% 이상을 적용하지 않는다.

　JB금융지주(175330) 리포트를 2017년 9월 말 투자자가 저평가 종목을 찾기 위해 네이버의 기업분석 리포트 목차에서 첨부파일을 클릭해본다고 가정하자. JB금융지주는 12월 결산법인임에 따라 2017년 실적을 2018년 3월 말에 공시한다. 따라서 2017년 추정치가 주가에 가장 민감하다.

　2017년 EPS 증가율(YOY)이 20%로 20% 요건을 충족한다. 또한, PBR이 0.4배로 낮다(은행 등 금융기관의 밸류에이션은 PER대신 PBR로 한다는 점을 상기하자). 이런 점에서 JB금융지주는 선택기준 ②~③을 충족하고 있다.

　〈22-2〉는 JB금융지주의 주봉차트다.

2017년 9월 말 기준 지난 1년 반 사이에 5,600~7,000원 사이에서 움직여 급등주가 아니다. 따라서 선택기준 ④도 충족해 JB금융지주(175330)는 저평가 후보 종목이다.

〈22-2〉 JB금융지주(175330) 챠트

자료 : 신한금융투자

(2) 2단계 : 은행의 수익구조

일반제조업의 경우 2단계는 '사업보고서를 통한 기업 내용 점검'이었다. 그러나 '07 사례4 : 은행과 보험'에서 언급했듯이 은행과 보험을 포함하는 금융업종의 경우는 사업보고서가 주는 기업의 내용을 개인 투자자가 이해하기 어렵다.

애널 등 전문가는 그들의 전문지식을 활용해 중요한 정보를 사업보고서를 통해 얻는다. 그러나 개인 투자자인 독자는 금융회사의 사업보고서에서 기술하는 전문적인 용어를 이해 할 수 없을 뿐 아니라 사업보고서를 통해 개별 기업의 내용을 이해할 실익이 크지 않다.

따라서 은행과 보험의 경우 2단계에서 사업보고서를 통해 기업 내용을 점검하지 않고 은행의 수익구조를 여기서 다시 요약한 후 투자 포인트 찾기로 넘어간다.

은행의 이익 = 대출액(유가증권투자 포함)×순이자 마진(NIM) − 대손충당금

대출이 증가하고 NIM이 커지면 충당금전입전이익이 커진다. 은행의 인건비 등 일반관리비가 커지면 충당금전입전이익이 감소하나 일반관리비 등은 통상적인 경우 급격하게 늘어나지 않는다. 여기에 대손충당금을 차감하면 법인세 차감전 이익이 된다.

참고로 JB금융지주는 지주회사이므로 종속회사가 무엇이며 그들 각각의 수익기여도가 어떤지는 사업보고서를 통해 알아본다.

〈22-3〉 JB금융지주 자회사

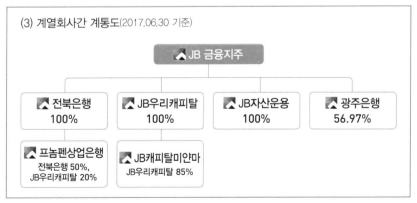

자료 : JB금융지주 2017년 반기보고서

2017년 1~6월 주요 종속회사의 연결기준 당기순이익을 보면 전북은행(비상장) 520억 원, 광주은행(상장)이 1,015억 원 그리고 JB우리캐피털(비상장)이 700억 원이었다. JB자산운용은 순이익이 미미해 생략했다.

(3) 3단계 : 투자 포인트 찾기

리포트의 설명 부분을 요약하면 다음과 같다.

1. 3분기 순이익 520억 원 추정하는데 이는 2분기보다 자산 성장은 주춤하고 있으나 2분기에 7bp오른 NIM이 3분기에 그대로 유지되어 비교적 높은 순이익 증가율을 예상한다.

2. 2016년에 24.4% 순이익 성장률에 이어 2017년에도 20% 성장이 예상되는데 이는 NIM의 상승은 제한적이나 대출자산이 비교적 크게 늘어나기 때문이다. 대출자산의 증가에 집단대출이 큰 역할을 했다. 또한 광주은행이 2016년에 102명의 인원조정으로 수익성이 개선된 점도 요인으로 작용할 것이다.

3. '보통주자본비율'이 8.3%고 2018년 말에는 9.5%로 가능한데 시장에서의 우려에 주가가 과도하게 반응했다.
   * '보통주자본비율'은 보통주 자본에 대한 위험자산 비율로 국제결제은행은 7% 이상을 요구하고 있다.

이제 투자 포인트를 찾아보자. 이렇게 자신에게 질문을 던진다.

당기순이익(EPS)이 크게 늘어나는 모멘텀은 무엇인가?

금융주임에 따라 영업이익이 아니고 당기순이익(EPS)이라는 점을 상기하자. 2017년 영업이익이 비교적 크게 늘어나는 배경에는 대출자산의 증가(집단대출 확대)와 NIM이 소폭 개선되기 때문이다. 또한 광주은행의 인건비 절감도 기여한다.

✓투자 포인트 대출자산과 NIM의 추이는?

투자 전략 ① 정부의 부동산 시장 안정화 조치와 대출자산 증가율

대출자산이 집단대출의 확대에 따라 늘어났는데 향후 부동산 시장이 냉각될 경우 대출자산의 증가율은 떨어질 것이다. 한편 전반적인 국내 경기가 살아난다면 중장기적으로 대출자산 증가에 긍정적이다.

투자 전략 ② NIM은 금리가 오르면 확대된다.

금리가 오르면 부동산 시장에는 부정적인 반면 NIM은 오른다.

투자 전략 ③ 밸류에이션

2017년과 2018년 PBR이 0.4배로 주가는 저평가되어 있다.

23 실전 연습 ⑤ 흥국화재(000540)

(1) 1단계 : 선택기준 ①~④ 충족 여부

실전 연습 ⑤는 흥국화재다. 〈23-1〉은 2017년 9월 11일 나온 리포트를 필자가 일부 수정했다. 9월 11일 주가는 6,760원이었다.

〈23-1〉흥국화재(000540)

구분	단위	2016	2017F	2018F	2019F
경과보험료	십억 원	2,774	2,700	2,700	2,750
영업이익	십억 원	27	120	176	190
순이익	십억 원	32	90	129	138
EPS	원	503	1,395	2,015	2,148
증감율	%	62.3	177.3	44.4	6.6
PER	배	7.4	4.8	3.4	3.1
PBR	배	0.4	0.7	0.6	0.6

손해보험의 첫 계정과목은 경과보험료다. 은행과 마찬가지로 영업이익은 중요하지 않다. 따라서 은행의 경우와 마찬가지로 보험회사도 저평가 종목 선택기준①의 영업이익 증가율 20% 이상을 적용하지 않는다.

흥국화재 리포트를 2017년 9월 중순 투자자가 저평가 종목을 찾기 위해 네이버의 기업분석 리포트 목차에서 첨부파일을 클릭해본다고 가정하자. 흥국생명은 12월 결산법인 임에 따라 2017년 실적을 2018년 3월 말에 공시한다. 따라서 2017년 추정치가 주가에 가장 민감하다.

2017년 EPS 증가율(YOY)이 177.3%로 20% 요건을 충족한다. 또한, PBR이 0.7배로 낮다(보험 등 금융기관의 밸류에이션은 PER 대신 PBR로 한다는 점을 상기하자). 이런 점에서 흥국화재는 선택기준 ②~③을 충족하고 있다.

〈22-3〉는 흥국화재(000540)의 주봉차트다.

〈22-3〉 흥국화재(000540) 챠트

자료 : 신한금융투자

　주가는 2017년 5월부터 9월 중순까지 단기간에 4,000원에서 7,000원까지 올랐으나 상승폭이 선택기준의 급등주가 아니다. 따라서 선택기준 ④도 충족해 흥국화재(000540)은 저평가 후보 종목이다.

(2) 2단계 : 보험회사의 수익구조

　일반제조업의 경우 2단계는 '사업보고서를 통한 기업 내용 점검'이었다. 그러나 '07 사례4 : 은행과 보험'에서 언급했듯이 은행과 보험을 포함하는 금융업종의 경우는 사업보고서가 주는 기업의 내용을 개인 투자자가 이해하기 어렵다.

　따라서 은행과 마찬가지로 보험회사의 경우도 2단계에서 사업보고서를 통해 기업 내용을 점검하지 않고 수익구조를 다시 요약한 후 투자 포인트 찾기로 넘어간다.

보험 영업수익(A) : 수입(경과)보험료
보험 영업비용(B) : 지급보험금 + 사업비
투자 영업이익(C) : 자산운용수익
영업이익 = (A)−(B)+(C)
손해율 : 지급 보험금이 수입(경과)보험료에서 차지하는 비중
사업비율 : 사업비가 수입(경과)보험료에서 차지하는 비중
합산비율 : 손해율+사업비율
합산비율이 100%를 넘으면 보험 영업에서 적자를 보였다는 의미다.

(3) 3단계 : 투자 포인트 찾기

리포트의 설명 부분을 요약하면 다음과 같다.

1. 당사의 2017년 1~6월 영업이익이 818억 원으로 2016년 연간 영업이익인 273억 원 대비 큰 폭으로 증가했다. 주요 원인은 첫째 장기 손해율 하락으로 전체 손해율이 2016년의 88.6%에서 2017년 상반기에는 86.8%로 떨어졌기 때문이다. 둘째는 사업비율도 2016년 20.8%에서 2017년 상반기에 19.1%로 하락해 합산비율이 2016년 109.4%에서 2017년 상반기에 105.9%로 크게 떨어졌기 때문이다.

2. 2018년에는 '5년갱신형실손상품'의 갱신주기 도래건수가 33만 건(2016~2017년 평균의 +137%)에 달하는데 갱신할 때 보험료 인상이 필연적이어서 이것이 장기손해율을 떨어뜨리고 이로 인해 전체 손해율을 하락해 2018년에도 영업이익이 크게 늘어난다.

참고로 리포트에서 흥국화재의 수입(경과)보험료에서 상품별 차지하는 비중은 장기보험이 92%, 자동차보험이 6% 그리고 일반보험이 2%라고 언급했다. 따라서 초점을 장기보험에 맞추면 된다. 장기보험은 3

년 넘는 보험 상품으로 상해, 질병보험으로(실손보험 포함) 고령화에 따라 성장성이 높다.

이제 투자 포인트를 찾아보자.

당기순이익(EPS)이 크게 늘어나는 모멘텀은 무엇인가?
금융주임에 따라 영업이익이 아니리고 당기순이익(EPS)이라는 점을 상기하자. 장기보험 손해율과 사업비율 하락으로 합산비율이 크게 하락했기 때문이다.

✓투자 포인트 장기보험 손해율은 계속 하락할 것인가?

보험료 수입의 90% 이상을 차지하는 장기보험의 손해율이 떨어지면 합산비율이 하락해 당사의 순이익은 늘어날 것이다.

투자 전략 ① '5년갱신형실손상품'의 갱신으로 보험료가 오른다.
리포트에서 언급한 갱신주기 도래건수가 33만 건으로 2016~2017년 평균의 130%가 넘는다는 점에서 보험료 인상으로 장기보험 손해율이 크게 떨어질 수 있다.

투자 전략 ② 금리가 오르면 보험사의 운용수익이 늘어난다.

금리가 상승추세면 보험사 주가에 긍정적이고 하락추세면 부정적이다. 금리가 오르면 자산운용수익이 늘어나기 때문이다.

투자 전략 ③ 산업 리포트를 본다

 투자 전략을 어떻게 생각해낼까?

5개의 실전 연습을 한 후 독자는 투자 포인트와 투자 전략을 어떻게 생각해냈을까 하는 의문을 가질 것이다. 그런데 이는 종목에 따라 달라 말 그대로 케이스 바이 케이스다. '첫술에 배부르랴'는 말처럼 몇 개의 사례를 연습했다고 되지 않는다. 그러나 인내심을 가지고 꾸준히 실전 연습을 스스로 하다 보면 자신도 모르는 사이에 안목이 생긴다.

매도 원칙

— Chapter 03 —

매도 원칙

  그러면 Chapter 1과 Chapter 2에서 제시한 방법으로 매수한 주식을 언제 어떤 경우에 팔아야 하나?

  사실 주식 투자에서 매수보다는 매도가 중요하다. 흔히 있는 일이지만 자신이 매수한 종목의 가격이 올라 팔았더니 시세가 한참 더 가는 경우가 비일비재하다. 어떤 때는 매수한 후 주가가 계속 하락해 손절매(손해를 보고 파는 경우)를 했는데 주가가 반등하기 시작한다.

  매수의 경우 저평가된 주식을 가능한 싸게 매수해야 하고 매도의 경우는 가능한 비싸게 고평가된 주식을 팔아야 한다. 매수의 경우는 이 책에서 언급한 기준에 따라 매수하면 된다. 그러나 매도는 매수의 경우처럼 정해진 방법을 제시하기가 어렵다.

매수의 경우는 몇 가지 기준을 모두 충족하게 함으로써 가장 낮은 가격으로 매수할 수 있다. 이 경우 조건이 너무 엄격해 저평가된 종목을 놓치는 경우가 있게 된다. 그렇지만 매수의 경우는 이것이 문제가 되지 않는다. 왜냐하면 다른 저평가 종목을 찾으면 되기 때문이다.

반면에 매도의 경우 몇 가지 기준을 모두 충족하게 한다면 환상적인 매도 찬스를 놓칠 수 있다. 결론적으로 말하면 매도의 경우는 매수의 경우보다 케이스 바이 케이스인 경향이 짙다. 그러나 매도의 경우에도 몇 가지 원칙은 있다. 이 원칙을 지키면서 투자 경험을 쌓으면 합리적인 매도 결정을 할 수 있게 된다.

24 매도 원칙 ① 보유 종목을 정기적으로 업데이트한다

어느 날 갑자기 자신이 보유한 종목의 주가가 올랐다고 해서 매도하면 크게 후회하게 된다. 보유하고 있는 종목의 주가와 펀더멘탈이 어떻게 변하는지를 주시하고 있어야 좋은 매도 찬스를 잡을 수 있다. 그렇다고 매일 주가를 쳐다본다든지 또는 보유 종목의 기업 내용 변화를 매일 체크할 필요는 없다. 우선 매도를 잘 하려면 보유 종목을 정기적으로 업데이트하는 것이 중요하다. 이제 업데이트하는 방법을 생각해보자.

뉴스와 공시사항을 체크한다

A종목을 매수해 보유하게 되었으면 그냥 내버려두지 말아야 한다. 이 종목과 관련해 어떤 일이 일어나는지 그래서 주가는 어떻게 변하는지 알아야 한다. 이렇게 종목을 매수하고 나서 사후 관리를 해야 한다. 사후 관리를 잘하면 좋은 매도 타이밍을 잡을 수 있다. 뉴스와 공시사항은 거래하는 증권회사의 HTS 또는 네이버 등 증권사이트에서 쉽게 찾을 수 있다.

보유종목의 업데이트 리포트가 나왔는지 확인한다

자신이 보유하고 있는 종목의 업데이트 보고서가 나왔는지 체크한다. 다른 애널이 작성한 리포트도 중요하다. 한경컨센서스, 증권회사 HTS 그리고 네이버 증권을 통해 확인한다. 통상 주요 종목의 경우 애널은 계속해서 업데이트하는 경향이 있다.

산업 리포트를 참조한다

보유 종목이 속해 있는 업종(산업) 리포트를 읽어보고 해당 산업의 흐름을 체크해보면, 매도기회를 찾는 데 큰 도움이 된다. 산업 리포트에는 산업의 흐름과 함께 그 산업에 속해 있는 주요 기업에 대한 분석내용도 들어있다. 여기에서 보유 종목의 경쟁회사도 비교함에 따라 해당 종목의 내용을 더욱 잘 알게 된다.

투자 포인트의 변화를 체크한다

그러면 업데이트 리포트를 보면서 무엇에 초점을 둬야 하나? 투자 포인트가 변했는지 알아봐야 한다. 매수할 때의 투자 포인트를 상기하고 이와 다른 점이 무엇인지 알아본다. 또한 영업이익, EPS 그리고 PER와 PBR이 얼마나 변했는지도 업데이트를 통해서 알고 있어야 한다.

종목 파일을 유지한다

보유 종목 업데이트와 관련해 필자가 강조하고자 하는 것은 보유 종목의 파일을 가지고 있으라는 것이다. 이 파일에는 종목 리포트, 투자자 자신이 작성한 기업의 내용 요약(체크리스트를 통한 사업보고서의 기업의 내용 요약) 그리고 투자 포인트 등을 포함된다. 일자별로 정리해 후일 매도할 때 참고한다.

한 달에 한 번은 업데이트한다

마지막으로 얼마나 자주 업데이트를 해야 하나? 특별한 기준은 없다. 필자는 40~50개 종목을 보유하고 있었는데 분기당 한 번 업데이트했다. 그러나 주가 체크는 매일 했기 때문에 주가가 갑자기 크게 오르거나 빠지면 그때마다 업데이트하기도 했다. 개인 투자자들의 경우 한 달에 한 번 정도 업데이트하기를 권한다. 그리고 주가는 주1~2회 체크해보기를 권한다.

앞에서 보유 종목에 대해 업데이트해야 한다고 했다. 업데이트 하면서 처음에 저평가되어 매수한 종목이 고평가되면 매도해야 한다. 또한 투자 포인트가 변했거나 투자 포인트를 잘못 생각한 경우에도 매도한다.

그런데 투자 포인트가 변했다거나 또는 잘못 판단했다는 사실을 알고 난 후에도 다른 생각을 할 수가 있다. 지금 팔면 몇 퍼센트 손해인데 투자 포인트는 변했어도 시장 전체가 좋으니 주가가 회복되면 팔아야지 하면서 그대로 보유하는 경우가 있다. 프로와 아마추어의 다른 점이 바로 이런 상황에서 내리는 결단이다. 프로는 깊게 생각하지 않고 자동적으로 매도하는 반면, 아마추어는 만지작거리면서 매도 찬스를 놓친다.

26 매도 원칙 ③ PER가 오르면 판다

앞에서 종목을 선택할 때 저PER 요건이 있었다. 저PER주는 시장 PER 대비 낮고, 경쟁사의 PER와 비교해 낮은 종목이다. 또한, 과거 PER와 비교해 낮은 수준에 있는 종목이다.

매도의 경우는 반대로 생각하면 된다. A종목을 매수해 보유하고 있는데 주가가 상승해 PER가 올랐다. 이 경우 A종목의 주가 상승폭이 시장지수보다 더 많이 오르면 A종목의 PER가 시장 PER나 과거 PER 보다 높아진다. 그러면 매도해야 한다. 이 경우 애널의 업데이트 된(매수 이후 나온) 종목 리포트를 참조해야 한다.

그런데 실전에서는 그리 간단하지 않다. 시장 PER가 9.8배인데 A종목이 12배면 팔아야 하나? 또는 PER 밴드에서 과거 평균이 10배면 팔아야 하나? 이 경우 종목에 따라 또는 시황에 따라 다를 수 있다.

사례를 보자. A가 건설업종에 속한다고 가정한다. 아파트 경기가 좋으리라 예상되고 A가 저평가 되어 있어 매수했다. 투자 포인트는 아파트 경기였다. 매수 후에 주가는 계속 올라 PER도 높아지게 되었다. 즉 앞에서의 경우처럼 시장PER는 9.8배이고 과거 평균 PER가 10배인데, A의 주가가 올라 PER가 12배가 되었다. 이 경우 PER가 시장보다 높고 과거 평균보다 상당히 높다. 만일 주가가 더 오르면 A의 PER가 13배가 되어도 아파트 경기가 계속 좋다고 판단되면 보유할 수 있지만 괴리가 커지면 팔아야 한다.

27 매도 원칙 ④ 주가가 오르는데, PER가 오르지 않으면 보
유한다

　주식 투자하면서 장타를 날리는 경우다. 주가는 올랐는데 PER는 오
르지 않는 경우가 있다. 주가가 33.3% 올랐다고 무조건 팔아버리면
더 나은 수익을 놓쳐버리는 경우가 흔하다.

　시장이 강세일 경우 주당순이익(EPS) 추정치가 올라간다. A종목을
선택할 때 1주당순이익(EPS) 예상치가 3,000원이고 주가가 27,000원
이어서 PER = 27,000원/3,000 = 9.0배다. 9.0배는 시장 PER와 과
거 기준으로 볼 때 낮아 매수했다. 그런데 애널은 처음 리포트를 낸 후
2개월 만에 업데이트 리포트를 내면서 주당순이익 추정치를 4,000원
으로 상향 조정했다. 기업실적이 예상했던 것보다 더 좋다는 것이다.
그 사이 주가는 36,000원으로 올랐지만 PER는 36,000/4,000＝9.0배
로 마찬가지다. 이 경우 종목A를 그대로 보유해야 한다.

　다시 강조하자면 주가는 계속 오르는데 PER가 제자리에 있을 경우
계속 보유해야 한다. 장기적으로 성장하는 종목을 택하면 이런 경우가
있는데 이 경우 주가가 몇 배 올라갈 수 있다. 이런 종목의 경우 애널은
업데이트를 계속해나간다. 어떤 시기가 오면 이제 이익 신장세가 주춤
해져 EPS 증가율이 낮아져 PER가 올라간다. 그러면 그때 매도한다.

28 매도 원칙 ⑤ PBR로 매도한다

앞에서 언급한 매도 원칙에서는 PER를 기준으로 했다. 대부분의 제조업과 서비스업종의 경우 PER를 기준으로 주가를 평가한다고 했다. 따라서 매도의 경우도 PER를 기준으로 매도한다. 그러나 금융주 등 PBR로 주가 평가를 해서 매수한 경우 매도할 때는 어떻게 해야 하나?

매수할 때 PBR이 0.9배였는데 그러면 PBR이 어떤 수준에서 매도해야 하나? PBR 수준은 업종에 따라 다르기 때문에 어떤 수준에서 매도해야 한다고 일률적으로 말할 수 없다. 다만 PBR 밴드에서 과거 추이와 비교했을 때 크게 올랐다면 매도해야 한다.

 얼마 동안 보유하다가 팔아야 하나?

앞에서 언제 매도해야 하는지에 대해 설명했다. 여기까지 읽어본 독자는 이제 주식을 매수해서 얼마 동안 가지고 있다가 팔아야 하는지에 의문을 가질 수 있다. 투자 포인트가 변했거나 잘못 생각했으면 팔아야 한다고 했다. 이 경우는 어제 주식을 매수했다가 오늘 생각하니 투자 포인트가 잘못되었다면 바로 팔아야 한다.

한편 주가가 올라도 PER가 오르지 않으면 오랜 기간 가지고 있어야 한다. 필자의 경우(개인의 경우도 마찬가지다) 어떤 종목은 매수한 지 일주일 후에 손해를 보고 팔기도 했고 몇 년 이상 보유하기도 했다.

본 책의 내용에 대해 의견이나 질문이 있으면
전화(02)3604-565, 이메일 dodreamedia@naver.com을 이용해주십시오.
의견을 적극 수렴하겠습니다.

그래도 애널 리포트가
저평가 종목 선택의 지름길이다

제1판 1쇄 인쇄 | 2018년 1월 3일
제1판 1쇄 발행 | 2018년 1월 10일

지은이 | 송경헌
펴낸이 | 한경준
펴낸곳 | 한국경제신문 *i*
기획제작 | ㈜두드림미디어

주소 | 서울특별시 중구 청파로 463
기획출판팀 | 02-3604-565
영업마케팅팀 | 02-3604-595, 583   FAX | 02-3604-599
E-mail | dodreamedia@naver.com
등록 | 제 2-315(1967. 5. 15)

ISBN   978-89-475-4295-1   03320